绍兴文理学院经济与管理实验教学省级示范中心建设项目
21 世纪全国高等院校财经管理系列实用规划教材

运营管理实验教程

主　编　冯根尧

内 容 简 介

本书是一本简明的实验教程,全书分为三个部分:一是基于 Excel 的生产决策与分析;二是基于 Witness 的生产系统仿真实验;三是基于 Project 的项目管理实验。 与国内其他运营管理实验教程不同,本书在实验内容安排上不求面面俱到,重点介绍运营管理学科的核心知识。 在实验工具选择上强调方法的多样化和实用性,注重生产系统建模、仿真与决策方法在生产运作和商务管理环境下的实际应用。

本书可作为相关院校本专科学生及在职管理人员的学习和参考用书,对从事企业生产运营管理实践活动有一定的指导作用。

图书在版编目(CIP)数据

运营管理实验教程/冯根尧主编 . —北京:北京大学出版社,2015.6
(21 世纪全国高等院校财经管理系列实用规划教材)
ISBN 978-7-301-25879-8

Ⅰ. ①运… Ⅱ. ①冯… Ⅲ. ①企业管理—运营管理—高等学校—教材 Ⅳ. ①F273-33

中国版本图书馆 CIP 数据核字(2015)第 113041 号

书　　名	运营管理实验教程
著作责任者	冯根尧　主编
责任编辑	王显超
标准书号	ISBN 978-7-301-25879-8
出版发行	北京大学出版社
地　　址	北京市海淀区成府路 205 号　100871
网　　址	http://www.pup.cn　新浪微博:@北京大学出版社
电子信箱	pup_6@163.com
电　　话	邮购部 62752015　发行部 62750672　编辑部 62750667
印刷者	北京富生印刷厂
经销者	新华书店
	787 毫米×980 毫米　16 开本　9.75 印张　170 千字
	2015 年 6 月第 1 版　2015 年 6 月第 1 次印刷
定　　价	24.00 元

未经许可,不得以任何方式复制或抄袭本书之部分或全部内容。
版权所有,侵权必究
举报电话:010-62752024　电子信箱:fd@pup.pku.edu.cn
图书如有印装质量问题,请与出版部联系,电话:010-62756370

21世纪全国高等院校财经管理系列实用规划教材

专家编审委员会

主 任 委 员 刘诗白

副主任委员（按拼音排序）

韩传模　　　李全喜　　　王宗萍
颜爱民　　　曾　旗　　　朱廷珺

顾　　问（按拼音排序）

高俊山　　　郭复初　　　胡运权
万后芬　　　张　强

委　　员（按拼音排序）

程春梅　　　邓德胜　　　范　徵
冯根尧　　　冯雷鸣　　　黄解宇
李柏生　　　李定珍　　　李相合
李小红　　　刘志超　　　沈爱华
王富华　　　吴宝华　　　张淑敏
赵邦宏　　　赵　宏　　　赵秀玲

法律顾问 杨士富

丛 书 序

我国越来越多的高等院校设置了经济管理类学科专业，这是一个包括理论经济学、应用经济学、管理科学与工程、工商管理、公共管理、农林经济管理、图书馆、情报与档案管理7个一级学科门类和31个专业的庞大学科体系。2006年教育部的数据表明，在全国普通高校中，经济类专业布点1518个，管理类专业布点4328个。其中除少量院校设置的经济管理专业偏重理论教学外，绝大部分属于应用型专业。经济管理类应用型专业主要着眼于培养社会主义国民经济发展所需要的德智体全面发展的高素质专门人才，要求既具有比较扎实的理论功底和良好的发展后劲，又具有较强的职业技能，并且又要求具有较好的创新精神和实践能力。

在当前开拓新型工业化道路，推进全面小康社会建设的新时期，进一步加强经济管理人才的培养，注重经济理论的系统化学习，特别是现代财经管理理论的学习，提高学生的专业理论素质和应用实践能力，培养出一大批高水平、高素质的经济管理人才，越来越成为提升我国经济竞争力、保证国民经济持续健康发展的重要前提。这就要求高等财经教育要更加注重依据国内外社会经济条件的变化，适时变革和调整教育目标和教学内容；要求经济管理学科专业更加注重应用、注重实践、注重规范、注重国际交流；要求经济管理学科专业与其他学科专业相互交融与协调发展；要求高等财经教育培养的人才具有更加丰富的社会知识和较强的人文素质及创新精神。要完成上述任务，各所高等院校需要进行深入的教学改革和创新，特别是要搞好有较高质量的教材的编写和创新工作。

出版社的领导和编辑通过对国内大学经济管理学科教材实际情况的调研，在与众多专家学者讨论的基础上，决定编写和出版一套面向经济管理学科专业的应用型系列教材，这是一项有利于促进高校教学改革发展的重要措施。

本系列教材是按照高等学校经济类和管理类学科本科专业规范、培养方案，以及课程教学大纲的要求，合理定位，由长期在教学第一线从事教学工作的教师编写，立足于21世纪经济管理类学科发展的需要，深入分析经济管理类专业本科学生现状及存在的问题，探索经济管理类专业本科学生综合素质培养的途径，以科学性、先进性、系统性和实用性为目标，其编写的特色主要体现在以下几个方面：

（1）关注经济管理学科发展的大背景，拓宽理论基础和专业知识，着眼于增强教学内容与实际的联系和应用性，突出创造能力和创新意识。

（2）体系完整、严密。系列涵盖经济类、管理类相关专业以及与经管相关的部分法律类课程，并把握相关课程之间的关系，整个系列丛书形成一套完整、严密的知识结构体系。

（3）内容新颖。借鉴国外最新的教材，融会当前有关经济管理学科的最新理论和实践经验，用最新知识充实教材内容。

（4）合作交流的成果。本系列教材是由全国上百所高校教师共同编写而成，在相互进行学术交流、经验借鉴、取长补短、集思广益的基础上，形成编写大纲。最终融合了各地特点，具有较强的适应性。

（5）案例教学。教材融入了大量案例研究分析内容，让学生在学习过程中理论联系实际，特别列举了我国经济管理工作中的大量实际案例，这可大大增强学生的实际操作能力。

（6）注重能力培养。力求做到不断强化自我学习能力、思维能力、创造性解决问题的能力以及不断自我更新知识的能力，促进学生向着富有鲜明个性的方向发展。

作为高要求，经济管理类教材应在基本理论上做到以马克思主义为指导，结合我国财经工作的新实践，充分汲取中华民族优秀文化和西方科学管理思想，形成具有中国特色的创新教材。这一目标不可能一蹴而就，需要作者通过长期艰苦的学术劳动和不断地进行教材内容的更新才能达成。我希望这一系列教材的编写，将是我国拥有较高质量的高校财经管理学科应用型教材建设工程的新尝试和新起点。

我要感谢参加本系列教材编写和审稿的各位老师所付出的大量卓有成效的辛勤劳动。由于编写时间紧、相互协调难度大等原因，本系列教材肯定还存在一些不足和错漏。我相信，在各位老师的关心和帮助下，本系列教材一定能不断地改进和完善，并在我国大学经济管理类学科专业的教学改革和课程体系建设中起到应有的促进作用。

刘诗白

刘诗白 任西南财经大学名誉校长、教授，博士生导师，四川省社会科学联合会主席，《经济学家》杂志主编，全国高等财经院校《资本论》研究会会长，学术团体"新知研究院"院长。

前　　言

　　基于数据模型和仿真决策的实验方法是训练经济管理专业各类学生实际能力的有效途径之一。本书的核心就是指导学生如何借助数学模型和仿真模拟的方法，对生产运营管理实际问题进行科学的表达和分析，以提高学生科学决策和思维的技巧与能力。本书主要内容分为三篇。

　　第一篇，基于 Excel 的生产决策与分析。介绍 Excel 电子表格在生产计划决策、物料需求计划编制、库存决策、网络计划编制与优化等方面的具体运用。一方面使学生掌握分析运营管理问题的思路和建立数学模型的方法，另一方面使学生熟悉 Excel 工具的运用技巧，并能够结合计算结果作出正确决策。

　　第二篇，基于 Witness 的生产系统仿真实验。Witness 是目前国际上领先的面向企业流程的建模仿真平台，其可视化建模与仿真优化技术广泛应用于汽车制造、港口物流、钢铁制造、电子制造、空港规划设计等行业。本部分在介绍 Witness 建模元素、建模规则和建模函数等内容的基础上，详细介绍了简单生产线和复杂生产线两种不同生产系统建模仿真的具体步骤与优化技巧，为学生自主进行随机生产系统的仿真实验提供了借鉴。

　　第三篇，基于 Project 的项目管理实验。与大批量、重复性、程式化生产管理不同，项目管理是生产运营管理中一项相对独立的管理工作。本部分叙述了 Project 工具软件的基础知识，通过大量实例，详细介绍运用 Project 工具进行项目日程安排、任务分类、人员指派、资源优化的方法与步骤，从而帮助学生掌握高效管理各类项目的实际技能。

　　本书特色体现在以下三个方面：

　　（1）内容安排方面：按照生产运营系统的规划、设计与运行这一决策主线，将数学建模、软件仿真与运营实务结合在一起，重点介绍通过数学模型及软件仿真进行运营系统决策的基本思路与方法。对已有的成熟解法或容易找到求解软件的模型，实验过程中不做过多展开，这有利于培养学生的学习兴趣和开发创新思维能力。

　　（2）建模工具与仿真软件的选用方面：为了满足不同专业层次学生的需求，在选择建模与仿真软件和工具时，遵循难易结合的原则，既有简单易学的 Excel 工具，又有功能强大的 Witness 和 Project 软件工具，以方便学生自主实验或教师灵活组织实验教学。

　　（3）实验技能的训练方式：除了教师在实验课堂组织训练外，学生课后亲手独立实践,也是熟悉掌握生产运营系统建模和仿真的好方法。为此,本书在每一篇后还配有"实验练习",以帮助学生深刻理解相关知识,强化实验技能。

全书结构与编写风格由冯根尧设计确定。具体编写分工:冯根尧编写第 1~2 和 4~9 章,张锋编写第 3 章,严兴尧编写第 10~12 章,冯根尧负责全书的统稿工作。

目前,国内运营管理方面的实验教材不多,作为一本简明的实用性教材,本书编写过程中,参阅了一些学者的著作和研究成果,在此表示衷心感谢。对于未能列入的参考文献,希望得到作者谅解。由于编者水平有限,书中难免存在疏漏之处,恳请读者批评指正。

编 者

2015 年 3 月

目 录

第1篇 基于 Excel 的生产决策与分析

第1章 引言 ································ 1
1.1 运用 Excel 进行生产决策的必要性 ··· 1
1.2 Excel 工具在生产决策中的应用 ······ 2

第2章 运用 Excel 编制生产计划 ········ 3
2.1 概述 ································· 3
  2.1.1 生产决策的主要内容 ········ 3
  2.1.2 生产决策的基本方法 ········ 3
2.2 运用 Excel 进行生产决策 ············ 5
  2.2.1 实验内容 ···················· 5
  2.2.2 实验步骤 ···················· 5
2.3 运用 Excel 安排生产任务 ············ 8
  2.3.1 实验内容 ···················· 8
  2.3.2 实验步骤 ···················· 9
实验练习 ································ 11
  练习一 两种产品生产决策 ········ 11
  练习二 多品种生产决策分析 ······ 12
  练习三 多约束条件下的生产计划优化 ···················· 13

第3章 运用 Excel 编制物料需求计划 ································ 17
3.1 概述 ································· 17
  3.1.1 MRP 计划简介 ··············· 17
  3.1.2 Excel-MRP 系统 ············· 19
3.2 运用 Excel 编制物料需求计划 ······ 21
  3.2.1 实验内容 ···················· 21
  3.2.2 实验步骤 ···················· 22

实验练习 ································ 26

第4章 运用 Excel 进行库存决策 ········ 28
4.1 概述 ································· 28
  4.1.1 存货决策模型的前提条件 ···················· 28
  4.1.2 运用 Excel 进行存货决策的步骤 ···················· 29
4.2 运用 Excel 进行单一品种的经济批量决策 ······················ 29
  4.2.1 实验内容 ···················· 29
  4.2.2 实验步骤 ···················· 30
4.3 运用 Excel 进行多品种最优订货批量决策 ···················· 31
  4.3.1 实验内容 ···················· 31
  4.3.2 实验步骤 ···················· 31
实验练习 ································ 33
  练习一 单一品种最优订货批量决策 ······················ 33
  练习二 多品种最优订货批量决策 ······················ 34

第5章 运用 Excel 编制项目计划 ········ 35
5.1 概述 ································· 35
  5.1.1 编制项目计划的目的 ········ 35
  5.1.2 项目计划的编制方法 ········ 35
  5.1.3 网络计划中 Excel 相关函数的用法 ···················· 36
5.2 运用 Excel 确定关键线路 ············ 38
  5.2.1 实验内容 ···················· 38
  5.2.2 实验步骤 ···················· 38

5.3 运用 Excel 进行网络计划优化 …… 42
　　5.3.1 实验内容 …………… 42
　　5.3.2 实验步骤 …………… 43
5.4 运用 Excel 进行非确定性网络计划分析 …………………………… 45
　　5.4.1 实验内容 …………… 45
　　5.4.2 实验步骤 …………… 46
实验练习 ……………………………… 49
　　实验练习一　关键线路的确定 …… 49
　　实验练习二　网络计划的优化 …… 50

第6章　运用 Excel 进行生产控制 …… 52

6.1 概述 …………………………… 52
　　6.1.1 建立产品加工信息数据库 …………………… 52
　　6.1.2 产品加工信息的输入或查阅 …………………… 53
　　6.1.3 加工信息的筛选与查询 …… 53
　　6.1.4 产品加工信息的统计与分析 …………………… 54
6.2 运用 Excel 进行生产调度控制 …… 55
　　6.2.1 基本资料 …………… 55
　　6.2.2 实验设计与分析 …… 55

第2篇　基于 Witness 的生产系统仿真实验

第7章　Witness 仿真软件简介 …… 59

7.1 Witness 软件的主要功能 ………… 59
　　7.1.1 Witness 的应用领域 …… 59
　　7.1.2 Witness 的主要功能 …… 60
7.2 Witness 仿真实验的意义 ………… 61
　　7.2.1 可视化建模方式增强学生学习兴趣 …………………… 61
　　7.2.2 元素细节设计帮助学生掌握系统资源配置参数 ………… 61
　　7.2.3 流程规则设计促进学生理解生产控制流程 …………… 62
　　7.2.4 标准化统计报表提高学生系统分析能力 …………… 63

第8章　Witness 建模与仿真基础知识 …………………………… 64

8.1 Witness 基本操作 ………………… 64
8.2 Witness 建模元素 ………………… 69
　　8.2.1 建模元素概述 ………… 69
　　8.2.2 建模元素介绍 ………… 69
8.3 Witness 建模规则 ………………… 72
　　8.3.1 输入规则 …………… 73
　　8.3.2 输出规则 …………… 74
　　8.3.3 劳动者规则 ………… 75
8.4 Witness 建模函数 ………………… 76
　　8.4.1 Witness 随机分布函数 … 76
　　8.4.2 Witness 常用系统函数 … 78
8.5 Witness 程序结构 ………………… 80
　　8.5.1 顺序结构 …………… 80
　　8.5.2 分支结构 …………… 80
　　8.5.3 循环结构 …………… 81

第9章　Witness 生产系统仿真实验 …… 84

9.1 建模与仿真基本步骤 …………… 84
9.2 建模与仿真实例分析 …………… 85
　　9.2.1 一台机器、一个输送链情况下的生产系统仿真 …… 85
　　9.2.2 多台机器、多个输送链确定情况下的生产系统仿真 …… 90
实验练习 …………………………… 95
　　实验练习一　Witness 仿真软件认知实验 ……………………… 95

目 录

  实验练习二 确定条件下的生产系统
       仿真实验 ………… 96

  实验练习三 随机情况下的生产系统
       仿真实验 ………… 96

  实验练习四 多品种少批量生产系统
       仿真实验 ………… 97

第3篇 基于 Project 的项目管理实验

第10章 项目管理概述 …………… 99

10.1 项目和项目管理 …………………… 99
10.2 项目管理的范围与内容 …………… 100
  10.2.1 项目管理的范围 ………… 100
  10.2.2 项目管理工作的内容 …… 100

第11章 Project 项目管理软件介绍 … 102

11.1 Project 简介 ………………………… 102
  11.1.1 Project 的作用 …………… 102
  11.1.2 Project 的版本 …………… 103
  11.1.3 Project 2010 新增
      功能 ……………………… 104
11.2 Project 基础知识 …………………… 107
  11.2.1 Project 基础知识 ………… 107
  11.2.2 Microsoft Project 2010 工作
      界面 ……………………… 109
11.3 Project 中的任务类型 ……………… 118
  11.3.1 任务的类型 ……………… 118
  11.3.2 工作量公式 ……………… 120
  11.3.3 "固定工期"类型的日程
      排定 ……………………… 121
  11.3.4 "固定工时"类型的日程
      排定 ……………………… 121
  11.3.5 "固定单位"类型的日程
      排定 ……………………… 123
  11.3.6 "投入比导向"对于日程
      排定的影响 ……………… 124

第12章 Project 项目管理实验 ……… 125

12.1 实验任务 …………………………… 125
12.2 实验步骤 …………………………… 126
12.3 实验练习 …………………………… 138
  实验练习一 Project 软件认知
       实验 …………………… 138
  实验练习二 项目进度计划的
       优化 …………………… 139
  实验练习三 全自动滚筒洗衣机研发
       项目 …………………… 140

参考文献 ……………………………………… 143

第 1 篇　基于 Excel 的生产决策与分析

第 1 章　引　言

1.1　运用 Excel 进行生产决策的必要性

现如今，企业资源计划、客户关系管理、电子商务等已经成为企业信息化管理的代名词。不少人认为，企业要实现信息化管理，就得上 ERP 软件、CRM 项目，事实上，这些项目的实施是一项系统工程，需要一定的专业技术人才、资金投入、开发时间等才能完成项目开发，而投入运行后是否成功适用，还带有一定的风险性。利用微软公司的 Excel 电子表格平台开发设计企业经营决策、生产计划、库存管理等应用系统，不但简单实用，而且能够实现企业生产经营管理的自动化，解决企业内部数据不系统、计划考核分析工作计算量大、效率低、实时性差等信息管理问题，能高效、快速、便捷地监控评估企业生产经营状况，及时发现生产经营中存在的问题，提高经营管理工作效率。

Excel 电子表格具有应用简单、形象直观、易于操作、函数丰富、功能强大等特点，可以根据企业经营管理的需求开发设计，通过电子表格本身自带的函数公式、宏命令、链接功能及同步关系设计等，进行合理组织设计，实现对生产系统相应数据进行自动读取计算，自动生成各种所需结果报表。比如：生产计划报表、物料需求报表、库存信息报表等。Excel 建模系统具有较好的安全性，利用电子表格的各种安全保护功能，对工作表的结构及工作表的内容等进行保护设计，只有管理员利用密码才能进行全方位的操作，一般操作人员取得操作密码只能进行相关数据信息的输入及输出报表，不能进行其他任何更改操作。Excel 系统易于操作、备份和维护升级。当经营管理措施、管理方法调整变化时，管理员通过密码进入系统，可随时根据需要调整该应用系统设计，具有很大的灵活性。系统的数据信息资料，可作为重要的历史资料存储起来，可以实现按年月、按单位名称、按报表名称等方便快捷的查询，为经营管理提供参考。

1.2 Excel 工具在生产决策中的应用

Excel 是企业管理中使用最为普遍的 Office 办公软件，很难找出有几家企事业单位不用 Excel 的。Excel 在企业管理中应用是非常广泛的，如需求分析、生产决策、物料计划与控制、物料需求计划、生产排程及能力需求计划、采购领料销货等方面。比如：物料管理、库存、盘点、物料清单、主生产计划、MRP、采购、能力需求计算、现场管理、图纸打印等都用简单的方式得到了实际有效的管理，灵活地解决了 ERP 等管理软件比较难以解决的问题，消除了原有的管理盲点，用最少的投入达到了管理效果。表 1-1 列出了一些常见的应用领域。

表 1-1　基于 Excel 的生产决策应用举例

应用领域	规划问题描述
生产决策	找出订货合同、供应能力、生产能力等约束条件下的生产决策
库存决策	找出数量、价格、场地等随机条件下的最优订货计划
物料需求计划	根据企业最终产品，计算各种相关物料的需求量，编制 MRP 计划
网络计划	根据作业明细表，计算各种时间参数，进行网络优化
总生产计划	找出成本最小的生产方案，包括生产率转换成本、给定的劳动力水平和存货水平
产品组合计划	找出不同成本和不同原料需求的集中产品的最优组合，使能力利用最大化
设施选址	通过对自身、供应源、需求方间运输成本的不断评估找出最优的新厂地址
运输方案	找出从工厂到仓库或仓库到零售商的为分销产品而采用的最优的运输方案
原料处理	找出工厂内不同部门原料处理设备的安排，以及将原料用不同容量和不同能力的运输工具，从供应地到工作地行程安排，使成本最小化

第 2 章 运用 Excel 编制生产计划

2.1 概 述

2.1.1 生产决策的主要内容

生产决策是根据企业的经营战略及企业内外经营环境状况确定企业的生产方向、生产目标、生产方针及生产方案的过程或职能，主要研究生产如何组织，剩余生产能力如何利用，亏损产品如何处理，产品是否进一步加工和生产批量的确定等问题。

生产决策涉及企业内部生产管理的方方面面，主要内容包括：生产组织决策、工艺决策、设备决策、产品成本决策（生产成本决策）和生产类型与厂址决策等。其中：生产组织决策要解决的问题主要有三个，即生产什么产品、如何组织产品生产和生产多少数量产品的问题。目的是在企业生产能力既定的条件下，如何充分利用企业现有的生产能力和经济资源，使企业获得更大的经济效益。

工艺和设备决策是确定企业采用什么等级的自然技术水平及相应的自然技术方案。主要有两种：自然技术领先方案和自然技术追随方案。产品成本决策是确定企业产品成本的标准或企业产品的标准成本。

生产类型决策是根据本企业的实际情况选择最符合企业要求的生产类型。

厂址决策就是如何运用科学的方法确定工厂（生产系统）坐落的区域位置，使它与企业的整体经营系统有机结合，以便有效地达到企业经营目标。

本章重点介绍生产组织决策问题。

2.1.2 生产决策的基本方法

在各种经济活动中，提高经济效果是人们不可缺少的要求，而提高经济效果一般通过两种途径：一是技术改进，例如改善生产工艺，使用新设备和新型原材料；二是生产组织改进，如品种结构优化、生产计划编制、库存决策等，主要研究在一定约束条件下，合理安排人力、物力等资源，使经济效果达到最好。解决第二类问题可采用运筹学中的线性规划法，它是辅助人们进行生产组织与决策的一种有效的数学方法。

1. 求解线性规划问题的步骤

我们把求解线性目标函数在线性约束条件下的最大值或最小值问题，统称为线性规划问题。一般地，从实际问题中建立数学模型一般有以下几个步骤：

（1）根据影响所要达到目的的因素，找到决策变量。
（2）由决策变量和所达到目的之间的函数关系，确定目标函数。
（3）由决策变量所受的限制条件确定决策变量所要满足的约束条件，建立线性规划模型。
（4）规划问题求解。

一般线性规划问题的标准型为

$$\max 或 \min \quad z = \sum_{j=1}^{n} c_j x_j \tag{1}$$

$$\text{s.t.} \quad \sum_{j=1}^{n} a_{ij} x_j \leqslant b_i \quad i = 1, 2, \cdots, m \tag{2}$$

决策变量、约束条件、目标函数是线性规划的三要素。

可行解：满足约束条件(2)的解 $x = (x_1, x_2, \cdots, x_n)$，称为线性规划问题的可行解，而使目标函数(1)达到最大值或最小值的可行解叫做最优解。

可行域：所有可行解构成的集合称为问题的可行域。

2. 求解线性规划模型的方法与工具

求解线性规划问题的基本方法是单纯形法、改进单纯形法、对偶单纯形法、原始对偶方法、分解算法和各种多项式时间算法。对于只有两个变量的简单的线性规划问题，也可采用图解法求解。它的特点是直观而易于理解，但实用价值不大。对于多决策变量的规划问题，由于数学规模复杂，计算量大，一般采用计算机求解。目前，可运用计算机上求解约束条件和决策变量数达 10 000 个以上的线性规划问题。

本章主要介绍运用 Excel 工具求解规划问题，进行生产决策的思路与技巧。

2.2 运用 Excel 进行生产决策

2.2.1 实验内容

A公司是一家生产拉盖式和普通式书桌的公司。生产一个拉盖式书桌需要10平方尺松木，4平方尺雪松，15平方尺枫木。生产一个普通型书桌需要的木材分别是20、16和10平方尺。每销售一个拉盖式和普通式书桌的利润分别为115元或90元。现有200平方尺松木、128平方尺雪松和220平方尺枫木。试问A公司如何组织生产，才能实现利润最大化？

2.2.2 实验步骤

第1步：启动Excel，单击"工具"菜单。如果没有"规划求解"，单击"加载宏"，打开"加载宏"对话框，如图2.1所示。在复选框中选中"规划求解"并单击"确定"按钮。在"工具"栏中出现"规划求解"

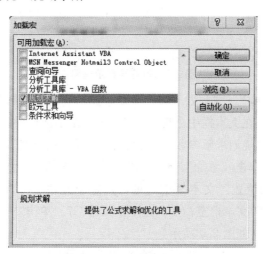

图2.1　规划求解示意图

第2步：将生产计划决策问题转化为线性规划问题。注意明确的和隐含的约束。
设：生产拉盖型和普通型书桌的数量分别是 x 与 y
目标函数　max＝$115x+90y$

约束条件　　$10x+20y \leqslant 200$

　　　　　　$4x+16y \leqslant 128$

　　　　　　$15x+10y \leqslant 220$

其中，x，$y \geqslant 0$

第3步：将线性规划的目标函数和约束转化为矩阵形式，将矩阵输入Excel。同时，定义单元格F3的计算公式为"=D3*D5+E3*E5"，单元格F7的计算公式为"=D7*\$D\$5+E7*\$E\$5"，单元格F8的计算公式为"=D8*\$D\$5+E8*\$E\$5"，单元格F9的计算公式为"=D9*\$D\$5+E9*\$E\$5"，如图2.2所示。

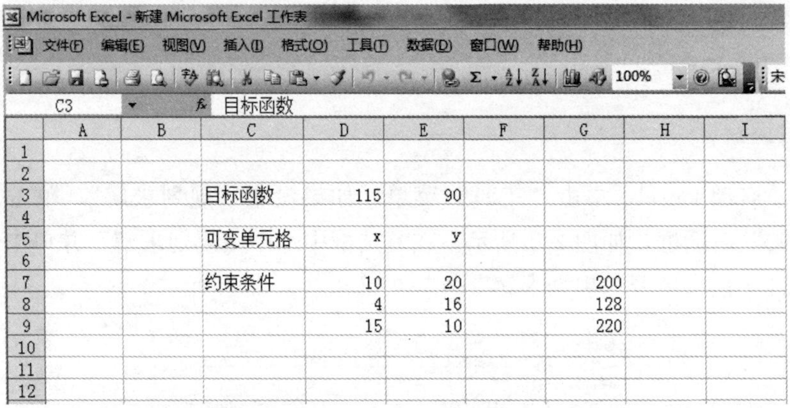

图2.2　计算结果示意图

第4步，执行"工具"→"规划求解"命令，弹出"规划求解参数"对话框。设置单元格F3为目标单元格，在文本框中出现"\$F\$3"，在单选框中选中"最大值"。选定可变单元格D5、E5，在"规划求解参数"对话框的"可变单元格"的文本框中出现"\$D\$5：\$E\$5"。然后，单击"添加"弹出"添加约束"对话框，如图2.3所示。

单击"单元格引用位置"文本框空白处，选定单元格F7；在中间的下拉框中选择"<="；单击"约束值"文本框空白处，选定单元格G7。单击"确定"完成。按此步骤，添加下面两个约束条件，如图2.4所示。

第5步，单击"求解"，弹出"规划求解结果"对话框(图2.5)。在单选框中选择"保存规划求解结果"；在右侧"报告"栏中选择"运算结果报告"，单击"确定"按钮，生成Excel工作表以及运算结果报告，如图2.6和图2.7所示。

由运算结果报告可看出，当生产12个拉盖型书桌和4个普通型书桌时，现有松木和枫木全部用完，雪松还剩16平方尺，此时，实现的最大利润为1 740万元。

第 2 章 运用Excel编制生产计划

图 2.3 "添加约束"对话框 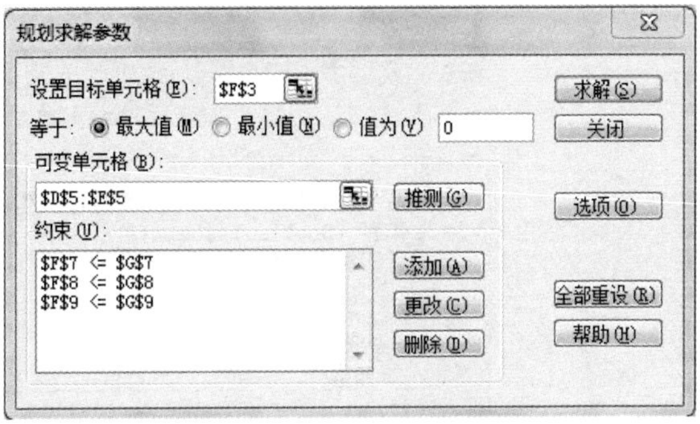　　　　　图 2.4 规划求解参数示意图

图 2.5 "规划求解结果"对话框

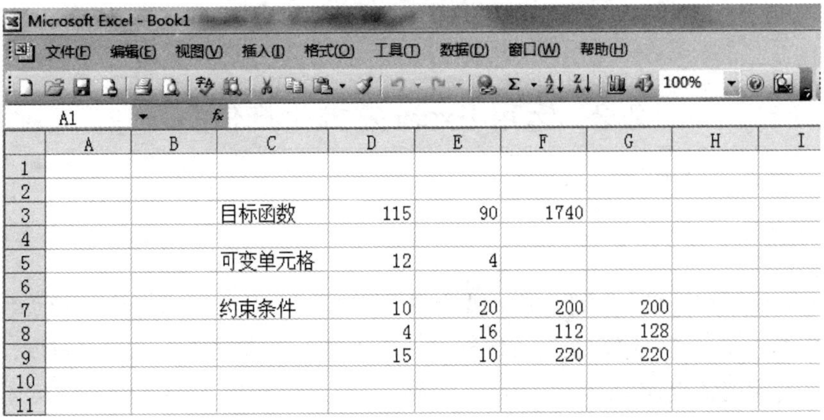

图 2.6 生成 Excel 工作表示意图

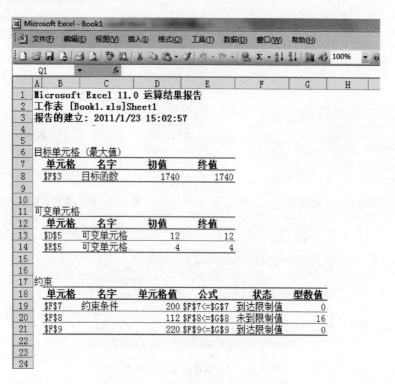

图 2.7 "运算结果报告"示意图

2.3 运用 Excel 安排生产任务

2.3.1 实验内容

某机床厂在年初签订了生产一批同型号机床的合同。合同要求该厂分别于当年四个季度末分批交货。在第三、第四季度可以安排加班生产,加班生产能力为每季度 6 台,但是单位成本比当季正常生产时高出 3 万元。另外,如果生产出来的机床当季度不能按时交货,则每台机床每季度需要支付 0.15 万元存储保养费。各季度正常生产的能力、单位成本及按合同应当交货的台数见表 2-1。

试合理安排各季的生产任务,使全年总费用最小,并保证完成合同交货任务。

表 2-1 机床厂各季度正常生产能力、单位成本及合同交货数

季 度	正常生产能力(台)	单位生产成本(万元)	合同交货量(台)
1	60	10.6	50
2	64	10.8	60
3	40	11	30
3(加班)	6	11+3	
4	56	11.2	90
4(加班)	6	11.2+3	

2.3.2 实验步骤

建模分析：

设：该机床厂正常生产能力为 $a_i(i=1\sim6)$，合同交货量为 $b_j(j=1\sim4)$，单位产品的费用为 c_{ij}，单位产品的生产费用＋单位产品的存储费用。决策变量 x_{ij} 表示第 i 季度生产的用于第 j 季度交货的机床机订数（包括正常生产与加班生产）。

目标函数为：$\min S = \sum_{1}^{6}\sum_{1}^{4} C_{ij}x_{ij}$　（总费用最小）

约束条件：　$\sum_{j=1}^{4} x_{ij} \leqslant a_{ij}(i=1\sim6)$　　　生产能力约束

$\sum_{i=1}^{6} x_{ij} = b_j(j=1\sim4)$　　　合同交货量约束

$x_{ij} \geqslant 0(i=1\sim6,\ j=1\sim4)$　　决策变量非负约束

以下根据规划模型，求解生产任务的最优安排：

第一步：建立基本数据表。根据题目所给信息，在 A1：D6 区域，分别输入各季度正常生产能力、单位成本和合同交货台数等基本数据。

第二步：计算每季的单位费用。在 A8：E14 区域，分别计算每一季度的单位费用，包括当季生产费用和当季未交货产品所造成的存储费用(为便于规划求解，对于不可能区域，单位费用可取较大的值，如第二季度生产的产品不可能用于满足当年第 1 季度的合同需求)。

第三步：建立决策矩阵表。设 B16：E21 区域为可变单元格，分别表示各季度的生产任务数。在单元格 F16 中输入"=SUM(B16：E16)"，计算第 1 季度实际产量，复制公式

到 F17：F21，分别计算每一季度的实际产量。在 G16：G21 中分别输入各季度的正常生产能力。在单元格 B22 中输入“=SUM(B16：B21)”，计算第 1 季度的实际交货量，复制公式到 C22：E22，分别计算每一季度的实际交货量。在 B23：E23 中分别输入各季度的合同交货量(图 2.8)。

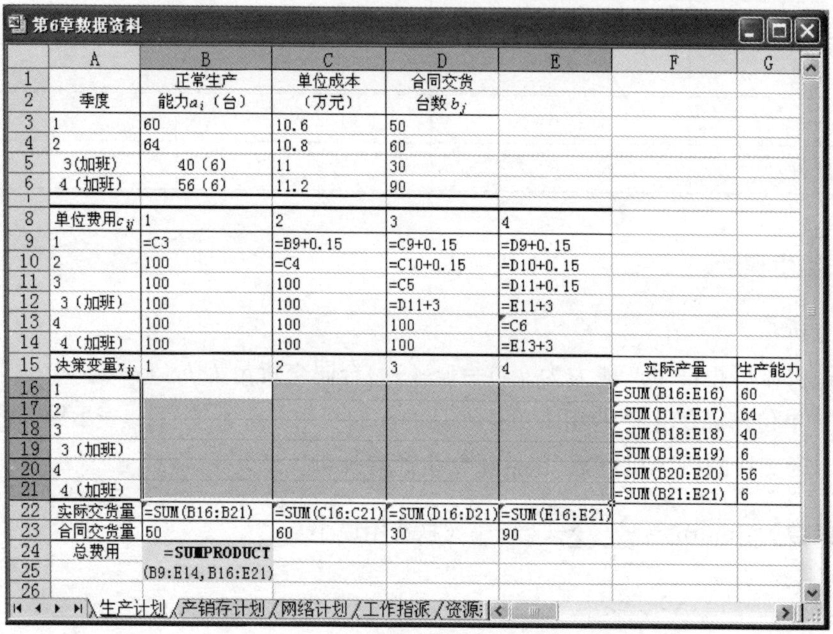

第6章数据资料

	A	B	C	D	E	F	G
1		正常生产	单位成本	合同交货			
2	季度	能力a_i（台）	（万元）	台数b_j			
3	1	60	10.6	50			
4	2	64	10.8	60			
5	3(加班)	40（6）	11	30			
6	4（加班）	56（6）	11.2	90			
7							
8	单位费用c_{ij}	1	2	3	4		
9	1	=C3	=B9+0.15	=C9+0.15	=D9+0.15		
10	2	100	=C4	=C10+0.15	=D10+0.15		
11	3	100	100	=C5	=D11+0.15		
12	3（加班）	100	100	=D11+3	=E11+3		
13	4	100	100	100	=C6		
14	4（加班）	100	100	100	=E13+3		
15	决策变量x_{ij}	1	2	3	4	实际产量	生产能力
16	1					=SUM(B16:E16)	60
17	2					=SUM(B17:E17)	64
18	3					=SUM(B18:E18)	40
19	3（加班）					=SUM(B19:E19)	6
20	4					=SUM(B20:E20)	56
21	4（加班）					=SUM(B21:E21)	6
22	实际交货量	=SUM(B16:B21)	=SUM(C16:C21)	=SUM(D16:D21)	=SUM(E16:E21)		
23	合同交货量	50	60	30	90		
24	总费用	=SUMPRODUCT					
25		(B9:E14,B16:E21)					
26							

生产计划 / 产销存计划 / 网络计划 / 工作指派 / 资源

图 2.8 数据资料示意图

第四步：生产计划编制。根据以上定义的数据分析表，通过规划求解来确定各季度的任务。其步骤如下：执行“工具→规划求解”命令，弹出“规划求解参数”对话框，如图 2.9 所示定义各选项。满足约束条件的最优解见图 2.10。

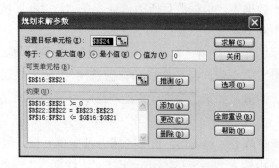

图 2.9 “规划求解参数”对话框

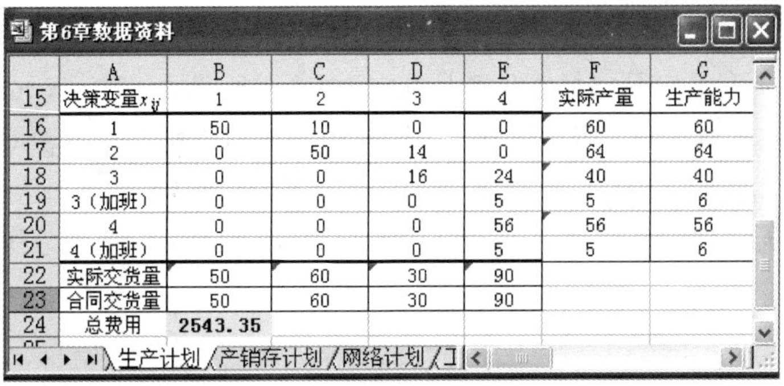

第6章数据资料

	A	B	C	D	E	F	G
15	决策变量x_{ij}	1	2	3	4	实际产量	生产能力
16	1	50	10	0	0	60	60
17	2	0	50	14	0	64	64
18	3	0	0	16	24	40	40
19	3（加班）	0	0	0	5	5	6
20	4	0	0	0	56	56	56
21	4（加班）	0	0	0	5	5	6
22	实际交货量	50	60	30	90		
23	合同交货量	50	60	30	90		
24	总费用	2543.35					

生产计划 / 产销存计划 / 网络计划

图 2.10　满足约束条件的最优解对话框

最优生产任务安排如下：

(1) 季度生产的 60 台除了本季交货 50 台，余 10 台 2 季度交货。

(2) 季度生产的 64 台除了本季交货 50 台，余 14 台 3 季度交货。

(3) 季度正常生产的 40 台除了本季交货 16 台，余 24 台以及加班生产的 5 台 4 季度交货。

(4) 季度正常生产 56 台和加班生产的 5 台均本季交货。

此时完成全部合同交货计划，各季度生产能力利用率为 100%，最小的总费用为 2 543.35 万元。

实验练习

练习一　两种产品生产决策

1. 实验目的

(1) 了解微软 Excel 的“规划求解”加载宏，熟悉其基本操作。

(2) 会用微软 Excel 解决运营管理中线性规划问题。

2. 知识准备

(1) 熟悉 Excel 软件提供的最优化算法。

(2) 会创建规划求解报表并求解。

3. 实验任务

某公司生产 R 和 E 产品,每件 R 产品利润为 3 元,E 产品利润为 6 元。每件 R 产品在 A 车间生产 4 小时,B 车间生产 2 小时。每件 E 产品在 A 车间生产 6 小时,B 车间生产 6 小时 C 车间生产 1 小时。A 车间每天可用生产能力 120 小时,B 车间每天可用生产能力 72 小时,C 车间每天可用生产能力 10 小时。如果希望利润最大化,每天怎样安排 R、E 产品生产数量。

4. 实验要求

(1) 完成实验报告。内容包括:实验目的、实验内容与步骤、实验结果(用图表的形式)、实验体会。

(2) 提交电子版的实验设计结果。

练习二 多品种生产决策分析

1. 实验目的

(1) 掌握使用 Excel 软件进行灵敏度分析的操作方法。
(2) 会用微软 Excel 解决运营管理中生产计划优化问题。

2. 知识准备

(1) 熟悉 Excel 软件提供的最优化算法。
(2) 会创建规划求解报表并求解。

3. 实验任务

某公司生产三种产品 A1、A2、A3,它们在 B1、B2 两种设备上加工,并耗用 C1、C2 两种原材料,已知生产单位产品耗用的工时和原材料以及设备和原材料的最多可使用量,如表 2-2 所示。

已知对产品 A2 的需求每天不低于 70 件,A3 不超过 240 件。经理会议讨论如何增加公司收入,提出了以下建议:

(a) 产品 A3 提价,使每件利润增至 60 元,但市场销量将下降为每天不超过 210 件;

(b) 原材料 C2 是限制产量增加的因素之一,如果通过别的供应商提供补充,每千克价格将比原供应商高 20 元;

(c) 设备 B1 和 B2 每天可各增加 40min 的使用时间,但相应需支付额外费用各 350 元;

表 2-2 生产三种产品的有关数据

资源	产品 A1	产品 A2	产品 A3	每天最多可使用量
设备 B1(min)	1	2	1	430
设备 B2(min)	3	0	2	460
原料 C1(kg)	1	4	0	420
原料 C2(kg)	1	1	1	300
每件利润(元)	30	20	50	

(d) 产品 A2 的需求增加到每天 100 件；

(e) 产品 A1 在设备 B2 上的加工时间可缩短到每件 2min，但每天需额外支出 40 元。

分别讨论上述各条建议的可行性，哪些可直接利用"敏感性报告"中的信息，哪些需要重新规划求解？

4. 实验要求

(1) 完成实验报告。内容包括：实验目的、实验内容与步骤、实验结果(用图表的形式)、实验体会。

(2) 提交电子版的实验设计结果分析，包括线性规划模型、电子表格模型和结果分析等。

练习三 多约束条件下的生产计划优化

1. 实验目的

(1) 了解微软 Excel 的高级功能，熟悉其基本操作。

(2) 会用微软 Excel 解决运营管理中线性规划问题。

2. 知识准备

(1) 熟悉 Excel 软件提供的最优化算法。

(2) 会创建较复杂的规划求解报表，并求解。

3. 实验任务

某柴油机厂主要产品有 2105 柴油机、X2105 柴油机、X4105 柴油机、X4110 柴油机、X6105 柴油机、X6110 柴油机，产品市场占有率大，覆盖面广。柴油机生产过程主要分成三大类：热处理、机加工、总装。影响柴油机生产计划优化的主要因素有：单位产品的产值、生产能力、原材料供应量及生产需求情况等。相关资料如表2-3。

表2-3 各产品的单位产值

序号	产品型号及产品名称	单位产值(元)	序号	产品型号及产品名称	单位产值(元)
1	2105柴油机	5 400	4	X4110柴油机	14 000
2	X2105柴油机	6 500	5	X6105柴油机	18 500
3	X4105柴油机	12 000	6	X6110柴油机	20 000

为简化问题，根据一定时期的产量与所需工时，测算了每件产品所需的热处理、机加工、总装工时，如表2-4所示。

表2-4 单位产品所需工时

序号	产品型号及名称	热处理(工时)	机加工(工时)	总装(工时)
1	2105柴油机	10.58	14.58	17.08
2	X2105柴油机	11.03	7.05	150.00
3	X4105柴油机	29.11	23.96	29.37
4	X4110柴油机	32.26	27.7	33.38
5	X6105柴油机	37.63	29.36	55.1
6	X6110柴油机	40.84	40.43	53.5

同时，工厂全年所能提供的总工时如表2-5所示。

表2-5 各工序所能提供的总工时

工序名称	热处理(工时)	机加工(工时)	总装(工时)
全年提供总工时	120 000	95 000	180 000

产品原材料主要是生铁、焦炭、废钢、钢材四大类资源。原材料的最大可能供应量如表2-6所示。

表2-6 原材料最大供应量

原材料名称	生铁(吨)	焦炭(吨)	废钢(吨)	钢材(吨)
最大供应量	1 562	951	530	350

单位产品原材料消耗情况，如表2-7所示。

表2-7 单位产品原材料消耗情况

序号	产品型号及名称	生铁(吨)	焦炭(吨)	废钢(吨)	钢材(吨)
1	2105 柴油机	0.18	0.11	0.06	0.04
2	X2105 柴油机	0.19	0.12	0.06	0.04
3	X4105 柴油机	0.35	0.22	0.12	0.08
4	X4110 柴油机	0.36	0.23	0.13	0.09
5	X6105 柴油机	0.54	0.33	0.18	0.12
6	X6110 柴油机	0.55	0.34	0.19	0.13

市场情况可以依照历年销售情况、权威部门的市场预测及企业近期进行的生产调查结果，分别预测出各种型号柴油机今年的市场需求量，如表2-8所示。

表2-8 各种型号柴油机今年的市场需求量

序号	产品型号及名称	生产能力(台)	市场最大需求量(台)
1	2105 柴油机	8 000	8 000
2	X2105 柴油机	2 000	1 500
3	X4105 柴油机	4 000	4 000
4	X4110 柴油机	2 000	1 000
5	X6105 柴油机	3 000	3 000
6	X6110 柴油机	3 000	2 000

根据以上资料，制订较为科学的产品生产计划。

(1) 使总产值最大的产品生产计划是什么？共生产几种柴油机？哪些工序的工时有节余，节余多少？哪些资源有节余，节余多少？如果想提高产品产量，应该提高哪些工序的生产能力，增加哪些原材料的采购量？

(2) 假如总装的生产能力从原有的180 000工时提高到320 000工时，其他条件不变，此时，总产值提高了多少？产品生产计划是什么？

（3）如果钢材的最大供应量从原有的 350 吨提高到 400 吨，其他条件不变，此时，总产值提高了多少？产品生产计划是什么？

（4）为了适应市场要求，同时不浪费设备，如果要求每年 6 种产品都必须生产，则通过生产调查后确定产品 2105 柴油机、X4105 柴油机和 X6110 柴油机的产量下限分别为 600 台、500 台和 200 台，其他条件不变，此时，总产值是多少？产品生产计划是什么？

4. 实验要求

（1）完成实验报告。内容包括：实验目的、实验内容与步骤、实验结果（用图表的形式）、实验体会。

（2）提交电子版的实验设计结果分析，包括线性规划模型、电子表格模型和结果分析等。

第 3 章 运用 Excel 编制物料需求计划

物料需求计划一直被认为是企业管理中的重难点,特别是一些比较复杂的生产企业,如何安排好物料到料时间、实现零库存生产一直是其追寻的目标。为了实现这个目标,不少企业就兴冲冲地上了 ERP 项目,以为可以凭借这个系统,帮助企业改善物料需求计划,降低企业库存。可是,真的等他们上了 ERP 项目,才发现,ERP 软件没有他们所想的那么神。因为受提前期管理、供应程度等因素的影响,ERP 软件中物料需求计划管理模型根本无法运转,其只能计算物料需求数量,而无法计算出准确的物料到货计划,或者说,这个到货日期受到生产计划频繁变更、销售插单等的影响,根本不能起作用。事实上,企业就算想改善物料需求计划,也没有必要一定要上个 ERP,利用 Excel 设计一套简单的物料需求计划工具,可以实现按生产计划与物料清单展开并按供应商进行反单采购,可以按照生产计划的预计开工日期与预先设置的提前期等实现预计采购日期的推算。

3.1 概 述

3.1.1 MRP 计划简介

1. MRP 计划的主要目标

物料需求计划(material requirements planning,MRP)是一种以物料计划人员或存货管理人员为核心的物料需求计划体系。MRP 根据总生产进度计划中规定的最终产品的交货日期,规定必须完成各项作业的时间,编制所构成最终产品的装配件、部件、零件的生产进度计划、对外的采购计划、对内的生产计划。一旦作业不能按计划完成时,MRP 系统可以对采购和生产进度的时间和数量加以调整,使各项作业的优先顺序符合实际情况。

MRP 系统的主要目标是控制企业的库存水平,确定产品的生产优先顺序,满足交货期的要求,使生产运行的效率达到最高。具体可归纳为以下几点:

(1) 采购恰当数量和品种的零部件,选择恰当的时间订货,尽可能维持最低的库存水平。

(2) 及时取得生产所需的各种原材料及零部件，保证按时供应用户所需产品。

(3) 保持计划系统负荷的均衡。

(4) 规则制造活动、采购活动以及产品的交货日期。

2. MRP 系统分析中的主要指标

MRP 系统根据企业的最终产品结构(产品结构树，BOM)和需求量，考虑替代品资料、产品库存和材料库存，进行生产需求和生产计划分析，自动计算出某订单的产成品哪些需要生产，需要生产多少，什么时候生产交货等。

MRP 分析涉及的指标有：

在制量：指货品已经下达了生产制造命令，并且已经进行了原材料领用和加工的没有缴库的货品数量，也就是在生产线上正在生产的数量。

未发量：指货品已经开出了销售单据而没有进行成品出库的数量。

在途量：指已经下达了采购合同而没有到货的货品数量。

受订量：指已经接受了销售合同而没有开出销售单的数量。

借入量：指借进入库的货品数量。

借出量：指借出给客户的货品数量。

现有库存：指某种货品现在仓库实际存放的库存资料，对于原材料来讲就是实际采购到货入库没有领用的资料，对于产成品来讲就是生产缴库的并没有卖出的资料。

可用库存：是现有货品按照理论计算可用的库存资料，知识理论可用资料，计算方法是：

$$可用库存 = 在制量 + 现有库存 + 在途量 - 存量下限 - 受订量 - 未发量$$

存量上限：指某货品在某仓库中的最高库存数量，该资料主要用于该货品的存量超额分析时使用。

存量下限：指某种货品在某仓库中的最低库存数量，也是安全库存。

$$期末库存量 = 期初库存 + 计划入库量 - 本期需求量$$

毛需求量：按照产品结构树及需求量所需要的原材料或半成品的数量。

净需求量：是需求量和现有库存(现有库存小于)的差额。

$$净需求 = 毛需求 + 已分配量 + 安全库存 - 在途量 - 可用库存$$

计划订货量：根据批量规则所确定的订货量。批量规则有以下三种：一是直接批量，指计划订货量与净需求量相等，即计划订货量取净需求量；二是多倍批量，指计划订货量取给定批量的整倍数。如：若多倍批量为 40 件，当净需求量为 80，则计划订货量为：$[(80/40) \times 40] = 80$；当净需求量为 90，则计划订货量为 120；三是最小批量，当需求量大于给定的最小批量时，计划订货量以需求量为准；当需求量小于给定的最小批量时，计划订货量以给定的最小批量为准。如：若最小批量为50件，当需求量小于50时，计划订货量均取50；当需求量大于或等于50时，计划订货量取需求量。

计划投入量：计划投入量大小等于计划订货量，其取值位置根据各项物料给定的提前期。

以上MRP系统的分析结果是(计划投入量、投入时间)企业完成最终产品的预测需求，应该生产或采购的各种相关物料的不足数量，是混合资料。也可以在此结果基础上，继续分解，生成采购计划和生产计划。生成采购计划时必须先选取采购条件(按照材料初始化设置时设置的主要供货商采购或最后一次采购的供货商选取采购供货商，付款条件按照默认的付款条件或最后一次采购的付款条件来付款)，输入要采购的数量，然后直接转生成采购单，再纳入采购管理系统。生成生产计划时，根据生产建议资料，按照需求日期，开工日期自动合并同种自制成品的数量，生成制令单(派工单)，供车间生产使用。

3.1.2 Excel-MRP系统

1. Excel-MRP系统的概念

Excel-MRP系统是运用Excel来实现物料需求计划(MRP)的一套系统。综合运用了Excel、数据库及辅助工具以Excel为主要操作界面，在物料货品、物料清单(BOM)基础上，对依据订单、销售预测、库存建立的主生产计划(MPS)运用Excel编制设计的物料需求计划算法自动生成采购、生产、委外等不同类型的计划排程，将各工序在特定的时间内需要的数量及日期展现在Excel上，也即MRP的结果，达到按期交货的目的。

Excel-MRP系统具有变动灵活、编制容易、计算效率高、费用低廉的特点，在加工制造行业中得到普遍运用。

2. Excel-MRP系统中相关函数的用法

（1）ABS()用法。

格式：ABS(number)

含义：求出相应数字的绝对值。

（2）ROUNDUP()用法。

语法：ROUNDUP(number，num_digits)

含义：远离零值，向上(绝对值增长的方向)舍入数字。

其中：number指需要向上舍入的任意实数，num_digits是指定的位数，按此位数进行四舍五入。num_digits取正数，表示小数点后所取位数，num_digits取负数，表示小数点前所取位数,举例见表3-1。

表3-1 ROUNDUP( )用法举例

公 式	说明(结果)
=ROUNDUP(6.3,0)	将6.3向上舍入,小数位为0(7)
=ROUNDUP(68.8,0)	将68.8向上舍入,小数位为0(69)
=ROUNDUP(3.141 592,4)	将3.141 592向上舍入,保留四位小数(3.141 6)
=ROUNDUP(-3.141 592,3)	将-3.141 592向上舍入,保留三位小数(-3.142)
=ROUNDUP(31 415.92,-3)	将31 415.92向上舍入到小数点左侧三位(32 000)

(3) IF()用法。

语法:IF(A,B,C)

含义:"如果A,那么B,否则C。"

注意:A、B、C可以多次套用IF()。

举例:=IF(A1<60,"不及格","及格"),表示"如果A1<60,那么'不及格',否则'及格'"。如果要把及格的成绩中又要分为"及格""良好""优秀"三个等级,这时就可以在C中重复应用函数IF。

(4) OFFSET()用法。

语法:OFFSET(引用,行偏移,列偏移,行数,列数)

含义:以指定的引用为参照系,通过给定偏移量得到新的引用。返回的引用可以为一个单元格或单元格区域。

引用:作为偏移量参照系的目标引用区域。

行偏移:相对于偏移量参照系的左上角单元格,上(下)偏移的行数。行数可为正数(代表在起始引用的下方)或负数(代表在起始引用的上方)。

列偏移:相对于偏移量参照系的左上角单元格,左(右)偏移的列数。列数可为正数(代表在起始引用的右边)或负数(代表在起始引用的左边)。

行数:即所要返回的引用区域的行数。

列数:即所要返回的引用区域的列数。

注意:引用不能为常量或数组;行偏移、列偏移为必输项,如省略必须用","进行占位,默认值为0(即不偏移);行数和列数为可选项,可省略,默认值为1,视为行列与引用(基点)相同。

如：① ＝OFFSET(C3,2,3) 将显示单元格 F5 中的值；

② ＝OFFSET(C2,1,2,3,1)是指单元格 C2 的取值等于比单元格 C2 靠下 1 行、靠右 2 列的 单元格值；

③ ＝SUM(OFFSET(C2,1,2,3,1))是计算比单元格 C2 靠下 1 行并靠右 2 列的 3 行 1 列的区域的总值。

3.2 运用 Excel 编制物料需求计划

3.2.1 实验内容

某企业生产 A、B 两种产品，其 BOM 见图 3.1，主生产计划、提前期、批量规划、库存信息见表 3-2。试编制该企业生产 A、B 两种产品的 MRP。

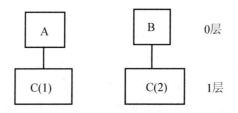

图 3.1 A、B 产品的 BOM

表 3-2 A、B 两种产品的基本信息表

表二 主生产计划 MPS

物料编号	物料名	1	2	3	4	5
1	A	85	95	120	100	100
2	B	0	60	0	60	0

表三 计划入库量 Scheduled Receipts

物料编号	物料名	1	2	3	4	5
1	A	175				
2	B			20		
3	C					

表四　物料主文件 Item Master File

物料编号	物料名	低层码	提前期*	批量规则	现在库存	
1	A	0	1	直接批量	1	25
2	B	0	1	直接批量	1	20
3	C	1	1	直接批量	1	150

＊提前期单位为周

3.2.2 实验步骤

第 1 步：打开 Excel，根据表一、表二、表三、表四所提供的数据，输入 MRP 空表。如图 3.2 所示。

第 2 步：在图 3.2 的"MRP 输出"中输入物料 A、B、C 的毛需求。

以物料 A 的毛需求为例：根据"主生产计划"表，第 1 期物料 A 的毛需求（单元格 Q8）等于 85（单元格 E9），即"Q8＝E9"。鼠标左键单击选中单元格 Q8 并输入"＝"，然后在单元格 Q8 中输入"E9"或者鼠标左键单击选中单元格 E9，最后按 Enter 键确定。把鼠标移至单元格 Q8 右下角，当光标显示变为"＋"时，向右拖动鼠标，可快速得出物料 A 在第 2－5 时期的毛需求。依此类推，输入物料 B 的毛需求。

需要注意的是，根据 BOM 图第一层可知，每一单位 A 和 B 分别需要 1 个单位 C 和 2 个单位 C，所以以第 1 时期为例，物料 C 的毛需求（单元格 Q30）"＝Q13＋2＊Q23"。其中，Q13 表示物料 A 第 1 时期的计划投入量，Q23 表示物料 B 第 1 时期的计划投入量。

第 3 步：输入物料 A、B、C 的预计入库量。

以物料 A 的预计入库量为例：根据"预计入库量"表，第 1 期物料 A 的预计入库量（单元格 Q9）等于 175（单元格 E15），即"Q9＝E15"。鼠标左键单击选中单元格 Q9 并输入"＝"，然后在单元格 Q9 中输入"E15"或者鼠标左键单击选中单元格 E15，最后按 Enter 键确定。把鼠标移至单元格 Q9 右下角，当光标显示变为"＋"时，向右拖动鼠标，可快速得出物料 A 在第 2－5 时期的预计入库量。依此类推，输入物料 B、C 的预计入库量。

第 4 步：计算物料 A、B、C 的期末库存量。运用 IF()，期末库存量＝期初库存＋计

划入库量—本期需求量(当计算结果小于 0,期末库存取 0)

以物料 A 的期末库存量为例:物料 A 第 1 期的预计入库量(单元格 Q10)"＝IF(P10＋Q9－Q8＞0,P10＋Q9－Q8,0)"。其中,P10 表示期初库存,Q9 表示预计入库量,Q8 表示本期需求量。把鼠标移至单元格 Q10 右下角,当光标显示变为"＋"时,向右拖动鼠标,可快速得出物料 A 在第 2－5 时期的期末库存量。依此类推,计算物料 B、C 的期末库存量。

第 5 步:计算物料 A、B、C 的净需求。运用 IF(),净需求量＝本期需求量－(期初库存＋计划入库量),(当计算结果小于 0,净需求量取 0)。

以物料 A 的净需求为例:物料 A 第 1 时期的净需求(单元格 Q11)"＝IF(Q8－Q9－P10＞0,Q8－Q9－P10,0)"。其中,Q8 表示本期需求量,Q9 表示预计入库量,P10 表示期初库存。把鼠标移至单元格 Q11 右下角,当光标显示变为"＋"时,向右拖动鼠标,可快速得出物料 A 在第 2－5 时期的净需求。依此类推,计算物料 B、C 的净需求。

第 6 步:计算物料 A、B、C 的计划订货量。计划订货量根据批量规则确定,当批量规则为直接批量时,批量与需求量相等。

以物料 A 的计划订货量为例:物料 A 第 1 时期的计划订货量(单元格 Q12)等于净需求(单元格 Q11),即"Q12＝Q11"。鼠标左键单击选中单元格 Q12 并输入"＝",然后在单元格 Q12 中输入"Q11"或者鼠标左键单击选中单元格 Q11,最后按 Enter 键确定。把鼠标移至单元格 Q12 右下角,当光标显示变为"＋"时,向右拖动鼠标,可快速得出物料 A 在第 2－5 时期的净需求。依此类推,计算物料 B、C 的计划订货量。

第 7 步:计算物料 A 的计划投入量。计划投入量运用 offset(),根据提前期确定。它在数量上一般等于计划订货量,只是将时间从订货量的交货时间反推一个提前期。

以物料 A 的计划投入量为例:物料 A 第 1 时期的计划投入量(单元格 Q13)等于"＝OFFSET(Q13,－1,＄P＄7)",即第 2 时期的计划订货量(单元格 R12)。其中,"－1"表示在起始引用 Q13 的上一行,P7 表示提前期 1 周,"＄P＄7"表示在起始引用 Q13 的右边一列。把鼠标移至单元格 Q13 右下角,当光标显示变为"＋"时,向右拖动鼠标,可快速得出物料 A 在第 2－5 时期的计划投入量。依此类推,计算物料 B、C 的计划投入量。

最终结果见图 3.3。

输入 INPUT

主生产计划 MPS

物料编号	物料名	1	2	3	4	5
1	A	85	95	120	100	100
2	B	0	60	0	60	0

预计入库量 Scheduled Receipts

物料编号	物料名	1	2	3	4	5
1	A	175				
2	B			20		
3	C					

物料主文件 Item Master File

物料编号	物料名	低层码	提前期*	批量规则		现有库存
1	A	0	1	直接批量	1	25
2	B	0	1	直接批量	1	20
3	C	1	1	直接批量	1	150

*提前期单位为周

产品结构树 BOM

Level	物料名	物料编号	数量*
0	A	1	
.1	C	3	1
0	B	2	
.1	C	3	2

* 每单位父项物料需要的子项物料数

MRP输出

物料名	A		低层码	0	时期				
批量规则	直接批量	1	提前期	1	1	2	3	4	5
毛需求									
预计入库量									
期末库存				25					
净需求									
计划订货量									
计划投入量									

物料名	B		低层码	0	时期				
批量规则	直接批量	1	提前期	1	1	2	3	4	5
毛需求									
预计入库量									
期末库存				20					
净需求									
计划订货量									
计划投入量									

物料名	C		低层码	1	时期				
批量规则	直接批量	1	提前期	1	1	2	3	4	5
毛需求									
预计入库量									
期末库存				150					
净需求									
计划订货量									
计划投入量									

图 3.2 输入数据后的示意图

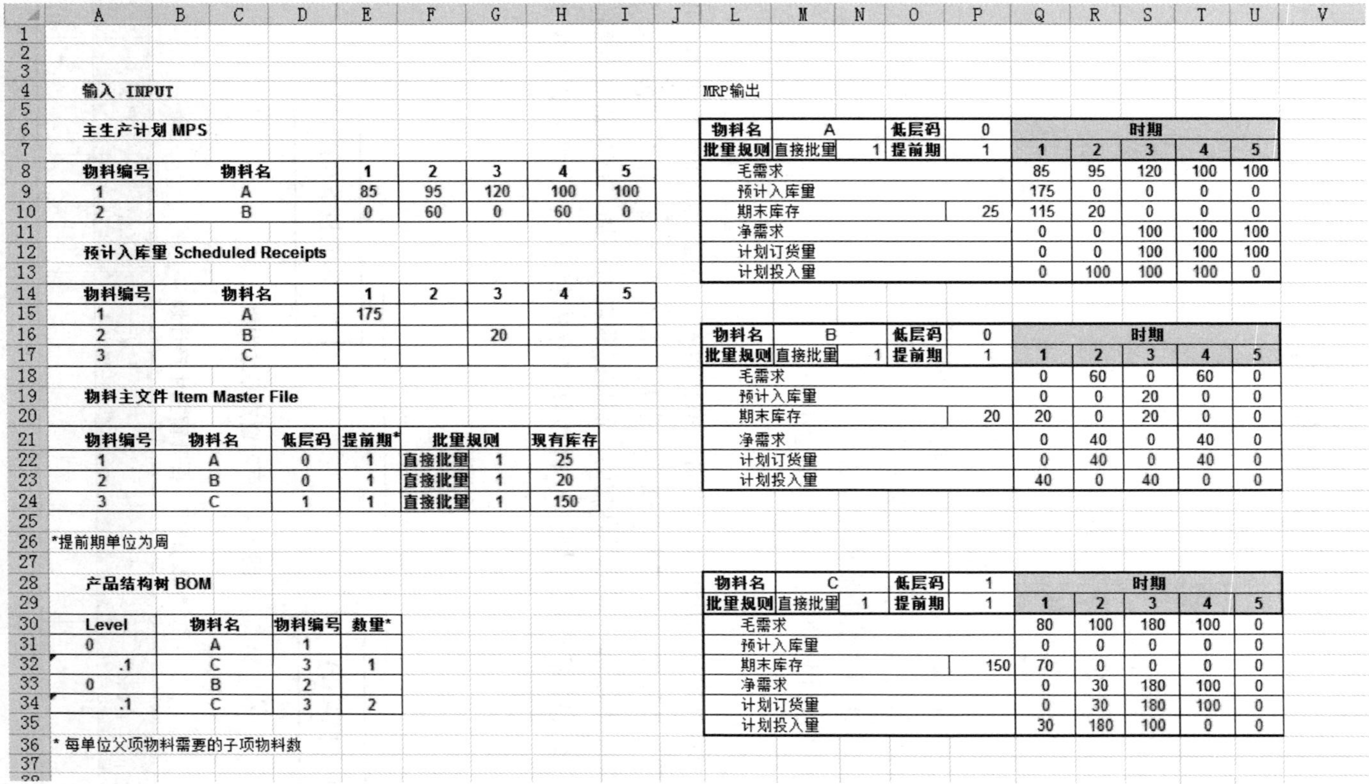

第3章 运用Excel编制物料需求计划

	A	B	C	D	E	F	G	H	I	J	K	L	M	N	O	P	Q	R	S	T	U	V
1	输入 INPUT																					
2																						
3	主生产计划 MPS																					
4																						
5	物料编号			1	2	3	4	5														
6	1		A	85	95	120	100	100														
7	2		B	0	60	0	60	0														
8	预计入库量 Scheduled Receipts													物料名	A	低层码	0		时期			
9													批量规则	直接批量	1	提前期	1	1	2	3	4	5
10	物料编号			1	2	3	4	5					毛需求					85	95	120	100	100
11	1		A	175	0	0	0	0					预计入库量				25	175	20	0	0	0
12	2		B	0	20	0	0	0					期末库存					115	20	0	0	0
13													净需求					0	0	100	100	100
14	物料主文件 Item Master File												计划订货量					0	0	100	100	100
15													计划投入量					0	100	100	100	0
16	物料编号		物料名	低层码	提前期*	批量规则	现有库存															
17	1		A	0	1	直接批量	25						物料名	B	低层码	0		时期				
18	2		B	0	1	直接批量	20						批量规则	直接批量	1	提前期	1	1	2	3	4	5
19	3		C	1	1	直接批量	150						毛需求					0	60	0	60	0
20													预计入库量				20	20	0	20	0	0
21	产品结构树 BOM												期末库存					0	0	20	20	0
22													净需求					0	40	0	40	0
23	Level		物料编号	数量									计划订货量					0	40	0	40	0
24	0		A	1									计划投入量				40	40	0	40	0	0
25	.1		C	3																		
26	0		B	2																		
27	.1		C	2									物料名	C	低层码	1		时期				
28													批量规则	直接批量	1	提前期	1	1	2	3	4	5
29	* 每单位父项物料需要的子项物料数												毛需求					80	100	180	100	0
30													预计入库量				150	70	0	0	0	0
31													期末库存					0	30	30	180	100
32													净需求					0	30	180	100	0
33													计划订货量					0	30	180	100	0
34													计划投入量					30	180	100	0	0

| MRP输出 |

*提前期单位为周

图3.3 计算物料A的计划投入量结果示意图

实 验 练 习

1. 实验目的

(1) 理解物料清单的概念。
(2) 掌握 MPS、MRP 的展开运算。
(3) 掌握 MRP 的编制方法。

2. 知识准备

(1) 熟悉相关软件(或 Excel)的基本功能及使用方法。
(2) 掌握物料清单的构造方法和查询技巧。
(3) 掌握主生产计划的编制流程和方法。
(4) 掌握物料需求计划的算法并能灵活运用。

3. 实验任务

一家生产木制百叶窗的工厂收到两份百叶窗订单：一份要 100 个，要求本年度第 4 周生产完毕；另一份要 150 个，要求第 8 周开始发货。每个百叶窗(图 3.4)包括 4 个木制板条部分和 2 个框架。木制部分是工厂自制的，制作过程耗时一周，框架需要订购，订货提前期是 2 周。组装百叶窗需要 1 周。木制部分现有库存 70 个。相关数据见表 3-3、表 3-4。

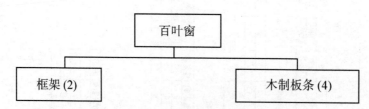

图 3.4 百叶窗产品结构树

表 3-3 百叶窗主生产计划

周 数	1	2	3	4	5	6	7	8
生产数量				100				150

表 3-4 各物料提前期、现有库存量和安全库存

物料名称	提前期	现有库存	安全库存	废品率
百叶窗	1	0	0	0
框架	2	0	0	0
木制板条	1	70	0	0

实验任务：

(1) 建立物料清单。

(2) MPS 与 MRP 展开，编制物料需求计划。

(3) 若第二份订单追加订货量 50 个，交货期允许延长一周，其他条件不变，重新编制物料需求计划。

4. 实验要求

(1) 撰写实验报告。内容包括：实验目的、实验内容与步骤、实验结果分析、实验体会和实验中存在的问题。

(2) 提交电子版的实验设计结果。

第 4 章 运用 Excel 进行库存决策

4.1 概　　述

存货决策是企业流动资产管理的重要组成部分，其最终目的就是通过确定合理的进货批量和进货时间使存货总成本最低。存货决策的成功与否不仅决定着企业短期生产经营资金的周转时间和效率，也影响着企业经营的成本与利润。

4.1.1 存货决策模型的前提条件

经典存货决策模型的应用是有着极其严格条件的，模型建立的基本假设条件：
(1) 存货的年需要量在分析期内稳定不变。
(2) 从订货到货物到达所间隔的时间固定不变，而且每批货物一次全额到达或陆续均匀到达。
(3) 存货的购买价格在分析期内稳定，可能存在数量折扣。
(4) 存货的耗用或者销售比较均衡。
(5) 每次订货成本、单位商品的储存成本在分析期内不变。
(6) 仓储条件及所需现金不受限制。
(7) 所需存货市场供应充足，不会因买不到所需存货而影响其他方面。

除此之外，经典存货模型还存在其建立的隐含条件，如：①模型是在单一存货决策的前提下讨论建立的，尽管大多数企业的存货品种都不止一种，但经典模型并没有提供对多品种存货管理决策的解决方案和办法；②存货经典模型并未提到存货的储存空间是有限的，即假定存货的储存空间总是足够的。

然而，现实中企业存货决策往往需要考虑多个因素，如货物分批或随机入库、存在缺货和价格折扣等情况，需要进行多目标决策，这时运用经典存货模型往往显得无能为力。Excel 的出现，完全解决了决策人员长期面临的这样一种尴尬。下面结合上例说明如何运用 Excel 的 Solver(规划求解)工具实现多约束、多目标存货决策问题。

4.1.2 运用 Excel 进行存货决策的步骤

具体步骤如下：

(1) 分析问题，明确存货决策的相关指标。

存货决策中的一个重点是对库存量进行有效控制。对库存量影响的关键因素是订货数量，每次订货数量过多，会使库存上升同，增加储存成本；而订货数量过少，又会使库存不足，可能造成生产销售的中断，同时也会使订货次数增加导致订货成本上升，还会因临时采购增加相关成本费用。因此需要计算出使相关成本最低的最优订货批量。

存在决策模型涉及的相关成本及计算公式如下：

购货成本＝总需求量×单价

储存成本＝(最优订货批量/2)×(1－每日耗用量/每日送货量)×单位储存成本

订货成本＝(总需求量/最优订货批量)×每次订货成本

总成本＝采购成本＋储存成本＋订货成本

(2) 建立决策问题的方案评价基本关系表。

(3) 确定决策的最终目标，即确定目标单元格及其运算表达式。如确定决策目标为追求利润最大化，则放置总利润的单元格为目标单元格，总利润的数学求解表达式则为目标单元格的运算公式。

(4) 确定影响目标的因素，即确定放置自变量或可变量的单元格。一个最优决策问题的自变量或可变量(即影响因素)可以是一个，也可以是多个。

(5) 找出问题的所有限制因素，或称约束条件，并根据所设定的变量关系写出相应约束条件的一般数学表达式。

(6) 利用 Excel 的"规划求解"工具进行求解，并得出求解运行结果报告。

4.2 运用 Excel 进行单一品种的经济批量决策

4.2.1 实验内容

某厂全年需要某种材料 10 000 件，每批订货成本 250 元，价格每件 10 元，存储费用率为12.5%。求：①经济订购批量；②订购间隔期；③年最低订储总费用；④采用定量订购方式，定购周期为4天，保险储备量60件，则库存量应降至什么水平提出订货？

4.2.2 实验步骤

第一步：建立数据表，参照图，以单元格E2"全年订货次数"为最初始的未知量，在A3：C8输入基本数据，在B2单元格中输入每次订货量计算公式"＝B3/E2"。

第二步：执行"工具"→"规划求解"命令，在弹出的对话框中设置：以"年存货费用总额"作为目标函数，要求为最小值；以"全年订货次数"作为未知量，置于"目标单元格"；约束条件中要求目标单元格非负，且为整数。

第三步：单击"求解"按钮，结果如图4.1所示。

图4.1 "规划求解参数"对话框

4.3 运用 Excel 进行多品种最优订货批量决策

4.3.1 实验内容

某公司需要采购 A、B、C、D 四种材料,各种材料的全年需要量、每次采购成本、单位储存成本、每日入库量、每日消耗量、采购单价及折扣条件如表 4-1 所示。

表 4-1 基本资料表

货品名称	材料 A	材料 B	材料 C	材料 D
每年需要量(公斤)	18 000	20 000	30 000	25 000
每次订货成本(元)	25	25	25	25
单位储存成本(元)	2	3	4	3
每日入库量(公斤)	100	200	300	250
每日消耗量(公斤)	20	30	40	25
正常单价(元)	10	20	30	25
价格折扣率	2%	2%	2%	2%
折扣条件(公斤)	≥400	≥450	≥500	≥500

试根据所给数据,求解在享受价格折扣条件下的最优订货批量决策。

4.3.2 实验步骤

本题目属于多约束条件下的最优求解问题。解决这类问题,仍可采用 Excel 的 Solver(规划求解)工具求解。基本步骤如下:

第一步:建立基本数据表。在 B3:F11 区域中输入基本资料。

第二步:建立决策数据表。在 C16:F22 区域中,分别输入进行最优生产批量决策所需要的各项指标计算公式。

计算订货成本。在单元格 C16 输入"=C4/C21×C5",计算材料 A 的订货成本,把光标移至单元格 C16 右下角,当光标显示变为"+"时,向右拖动鼠标,可快速得出材料 B、材料 C、材料 D 的订货成本。

计算储存成本。在单元格 C17 输入"=C21/2×(1−C8/C7)×C6",计算材料 A 的储存成本,把光标移至单元格 C17 右下角,当光标显示变为"+"时,向右拖动鼠标,可快速得出材料 B、材料 C、材料 D 的储存成本。

计算采购成本。在单元格 C18 输入"=C4×C9×(1-C10)",计算材料 A 的采购成本,把光标移至单元格 C18 右下角,当光标显示变为"+"时,向右拖动鼠标,可快速得出材料 B、材料 C、材料 D 的采购成本。

计算总成本。在单元格 C19 输入"=C16+C17+C18"或"=SUM(C16:C18)",计算材料 A 的总成本,把光标移至单元格 C18 右下角,当光标显示变为"+"时,向右拖动鼠标,可快速得出材料 B、材料 C、材料 D 的总成本。

计算综合成本。单元格 C20 为目标单元格,表示决策有总成本。在单元格 C20 中输入"=C19+D19+E19+F19"或"=SUM(C19:F19)",计算四种材料的综合成本。

计算每年订货次数。在单元格 C22 输入"=C4/C21",计算材料 A 的每年订货次数,把光标移至单元格 C22 右下角,当光标显示变为"+"时,向右拖动鼠标,可快速得出材料 B、材料 C、材料 D 的每年订货次数。

单元格以 C21:F21 为决策变量,表示最优订货批量。

最终结果如图 4.2 所示。

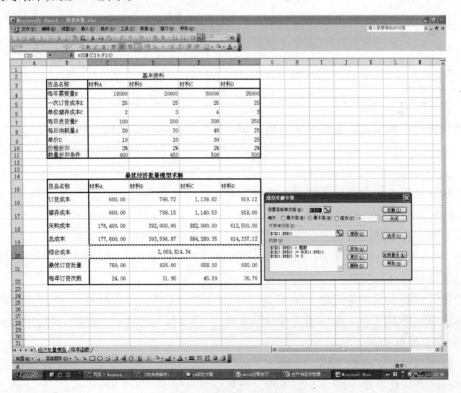

图 4.2 "求解"结果示意图

第三步：进入 Excel 的工具→规划求解，在弹出的对话框中设置：以 C20 为目标函数，要求为最小值；以 C21：F21 为未知量，置于目标单元格，约束条件中分别添加"$C$19：$F$19≥$C$11：$F$11"，"$C$19：$F$19≥0，$C$19：$F$19＝整数"。

第四步：点"求解"，即可得到 A、B、C、D 四种材料的最优订货批量分别为：750 公斤、626 公斤、658 公斤和 680 公斤，此时全年总成本最低为 2069814.34 元（图 4.2）。

实 验 练 习

练习一 单一品种最优订货批量决策

1. 实验目的

(1) 理解库存管理模式的概念。
(2) 掌握不同假设条件下库存决策方法。
(3) 掌握运用 Excel 库存决策模型的设计技巧。

2. 实验任务

某公司全年需要甲材料 20 000 千克，一次订货费用 55 元，材料单价 16 元/千克，材料的单位存储成本为 8 元/千克。分别计算以下不同假设条件下，该材料的经济订货批量，全年订货次数和最佳订货周期和订货占用资金。

假设一：存货即时供应，均匀使用。

假设二：存货陆续供应和使用，每日送货量为 100 千克，每日耗用量为 20 千克；

假设三：存在数量折扣。材料供应方规定，材料购买量达到 1 000 千克时，给予 2% 优惠。

3. 实验要求

(1) 撰写实验报告。内容包括：实验目的、实验内容与步骤、实验结果分析、实验体会和实验中存在的问题。

(2) 提交电子版的实验设计结果。

练习二 多品种最优订货批量决策

1. 实验目的

（1）掌握多品种条件下的库存决策方法。

（2）掌握多约束条件下的库存决策方法。

（3）掌握运用规划求解工具进行库存决策的技巧。

2. 实验任务

通友公司生产甲产品，每年需消耗 A 部件 10 000 个，以单价 325 元向某供应商购进，每次需花费 500 元。通友公司为了生产部件 A，还需要部件 B、C、D。这三种部件的年需求量均为 10 000 件，其购货单价分别为 200 元、275 元和 150 元，其每订货成本分别为 350 元、600 元和 300 元。所有存货年单位存储成本主要是存货占用资金的利息，估计均为购货单价的 12%。通友公司的仓库可容纳 15 000 m^3 存货，A、B、C、D 四种部件的单位容积分别为 30 m^3、25 m^3、45 m^3、15 m^3，并且该公司估计每种部件的存储空间最大不会超过该部件的最优批量的 75%。要求为该公司做出决策，每次订货批量应为多少，每年应分几批购货，才能保证在这种购货方式下的总成本最小？

3. 实验要求

（1）撰写实验报告。内容包括：实验目的、实验内容与步骤、实验结果分析、实验体会和实验中存在的问题。

（2）提交电子版的实验设计结果。

第 5 章 运用 Excel 编制项目计划

5.1 概 述

5.1.1 编制项目计划的目的

项目计划实质上是规定项目活动的一系列时间计划,包括各项活动的作业时间、开工时间、完工时间,有时还需要确定各项活动所需要的资金、设备、材料及人数等资源状况。其主要目的如下:

(1) 预测在不同时间所需的资金和资源的级别,以便赋予项目以不同的优先级。
(2) 通过资源优化,使各项资源配置合理。
(3) 保证各项资源按质、按时供给。
(4) 满足所要求的完工时间约束。
(5) 保证项目按期完工并获取盈利,以补偿项目实施过程中的资源消耗。

上述目的中,最为重要的是第一个,它是项目管理存在的目的,其次是第二个,它是项目可行的前提。第三和第四个目的只是第一个目的的具体化,第五个目的的常常用于相同项目的费用和质量综合权衡。

5.1.2 项目计划的编制方法

1. 关键日期法

关键日期法又称里程碑系统,是一种最简单的进度计划和控制工具,它是根据项目的工作环节确定重大的关键事件,这些关键事件综合了各种因素,针对项目目标的重要性而定,它可能在网络图的关键线路上,也可能不在关键线路上,其内容包括:项目的结束日期;主要工作环节的完成日期;保证项目成功的关键性决策的日期。在关键日期图中,还应标明关键事件必须完成的时间界限,任何关键事件不管采取什么措施都必须在里程碑所标的时间之前完成各项预订任务，否则就会影响整个项目的进度，甚至影响企业的整个战略。

2. 网络计划技术

网络计划技术是指通过绘制网络图和计算时间参数来反映项目全貌的一种有效的项目进程控制方法。关键路线法（CPM）和计划评审技术（PERT）是它的最早应用形式。CPM 和 PERT 是 20 世纪 50 年代后期几乎同时出现的两种计划方法。随着科学技术和生产的迅速发展，出现了许多庞大而复杂的科研和工程项目，它们工序繁多，协作面广，常常需要动用大量人力、物力和财力。因此，如何合理有效地把它们组织起来，使之相互协调，在有限资源下，以最短的时间和最低费用，更好地完成整个项目，就成为一个突出的问题。CPM 和 PERT 就是在这种背景下出现的。在上述方法基础上，后来还陆续提出了一些新的网络技术，如图示评审技术（graphical evaluation and review technique，GERT）、风险评审技术（venture evaluation and review technique，VERT）等，使网络计划技术的应用更加广泛，适用性更强。

3. 甘特图

甘特图，又称条形图，是一种将各项工作环节与完成期限的关系表示成二维图形的技术，这种图形直观地表示了达到项目目标必须经历的各中间环节及每一环节所需的时间。具体地说，就是在纵坐标上标出项目的工作环节或工序，在横坐标上标出项目的持续时间，由纵横两坐标确定的条形线表示其起止时间。这种方法简单、直观、易于编制，因而成为项目管理中编制项目计划的主要工具。它是管理层了解全局、基层安排进度的有效工具。

采用不同的项目计划与控制方法，所需的时间和费用是不同的。关键日期法在图中只列出关键事件，其他非关键事件均未考虑，因而编制时间最短，费用最低。PERT 法不仅需要各个专业和部门的专家对项目安排进行全面分析，还要进行各种复杂的计算。所以花费的时间和费用也最多。甘特图法要画出每个活动的相互关系，标明所需的各种资源，如果活动数目较多，所需时间要长一些，费用也高一些，因此一般采用计算机软件编制计划。本章介绍 Excel 工具在网络计划技术中的应用技巧，第三篇重点介绍 Microsoft Project 软件在项目管理中的综合应用。

5.1.3 网络计划中 Excel 相关函数的用法

1. INDEX 函数

语法：INDEX(array, row_num, column_num)

含义：返回数组中指定单元格或单元格数组的数值。如果区域只包含一行或一列，则行或列参数可以相应省略。此处的行列序号是相对于第一参数的区域而言，不是 Excel 工作表中的行或列序号。

INDEX 函数有两种使用形式：

- ＝INDEX(指定区域，行序号，列序号)

   含义：返回指定区域，指定行、列中的数值。

   如：＝INDEX(A5：D10，2，3)得到的结果就是 A5 到 D10 区域中第 2 行第 3 列的数值，即 C6 单元格中的数值。

- ＝INDEX(数组，行序号，列序号)

   含义：返回指定数组中指定行、列中的数值。

   如：＝INDEX({5,10,15,20}，1，2)得到的结果就是 10

2. MATCH 函数

语法：MATCH(lookup_value,lookup_array,match_type)

其中 lookup_value 为要搜索的值，可以是数值(数字、文本或逻辑值)或对数字、文本或逻辑值的单元格引用。lookup_array 为要查找的 lookup_value 所在区域，应为数组或数组引用。match_type 为匹配形式，有 0、1 和－1 三种选择："0"表示查找等于 lookup_value 的第一个值，查找区域不需排列，"1"表示查找小于或等于 lookup_value 的最大值，区域需升序排列，"－1"表示查找大于或等于 lookup_value 的最小值，区域需降序排列。以上搜索，如果没有匹配值，则返回♯N/A。

含义：返回 lookup_array 区域中要搜索的值 lookup_value 所在的位置，而不是数值本身。MATCH 函数有两方面功能：一是确定区域中的一个值在一列中的准确位置，这种精确的查询与列表是否排序无关。二是确定一个给定值位于已排序列表中的位置，这不需要准确的匹配。

例：如果要查找 B 列的 28 与 25 在 A 列中的位置，并将结果显示在 C 列。那么：

C1 单元格的公式为＝MATCH(B1，＄A＄1：＄A＄4，0)；(释义：在 A1 到 A4 中寻找 B1 即 28 所在的位置，显示中 C1)

C2 单元格的公式为＝MATCH(B2，＄A＄1：＄A＄4，0)；(释义：在 A1 到 A4 中寻找 B2 即 25 所在的位置，显示中 C1)

表格数据模拟结果如表 5-1。

表 5-1 MATCH( )示例

	A	B	C		A	B	C
1	31	28	2	3	21		
2	28	25	4	4	25		

提示：一般情况下，在使用 INDEX( )函数时，第二、三参数一般情况与 MATCH( )函数配合使用，以实现动态查找引用的目的。

5.2 运用 Excel 确定关键线路

5.2.1 实验内容

某工程项目需要经过如下工序，各工序之间的相互关系及工序时间如表 5-2 所示。

表 5-2 工序时间表

工序	工序说明	紧前工序	工序时间	工序	工序说明	紧前工序	工序时间
A	挖掘	—	2	H	外部上漆	E, G	9
B	打地基	A	4	I	电路铺板	C	7
C	承重墙施工	B	10	J	竖墙板	F, I	8
D	封顶	C	6	K	铺地板	J	4
E	安装外部管道	C	4	L	内部上漆	J	5
F	安装内部管道	E	5	M	安装外部设备	H	2
G	外墙施工	D	7	N	安装内部设备	K, L	6

试运用 Excel 工具完成如下实验任务：
(1) 计算各工序的时间参数。
(2) 确定关键线路及总工期。
(3) 将网络图转化为横道图，显示关键路线。

5.2.2 实验步骤

打开 Excel 工具，在打开的工作簿中进行如下操作：

(1) 确定紧后工序。紧后工序是用来确定最迟开始时间的。其方法是从紧前工序中查找，如电子表格 C 列中有 A 的，表示要从 A 结束时才能开始，即 A 的紧后工序是 B；C 列有 3 个 C，所对应的工序代号分别是 D、E、I，即这 3 个工具是 C 的紧后工序，依次类推，找到所有工序的紧后工序写在 D 列中（如图 5.1 所示）。

(2) 计算最早结束时间。最早结束时间＝最早开始时间＋该工序的作业时间。即在 C2 单元格输入：＝F2＋E2，并将其复制到 G3：B15 单元格区域。

(3) 计算最早开始时间。最早开始时间等于其所有紧前工序全部完成后才能开工的时间。即等于所有紧前工序最早结束时间最大者。可分为三种情况：

第一，对于第一项工序 A，其最早开始时间为 0，即在 F2 输入 0。

第二，对于只有一个紧前工序的，其最早开始时间就等于其紧前工序的最早结束时间，即在 F2 单元格可输入：＝INDEX(G＄2：G＄15，MATCH(C2，B＄2：B＄15，0))，并复制到 F3：F15 单元格区域。从而完成对所有只有一个紧前工序的最早开始时间的计算。但有多个紧前工序的，其最早开始时间将出现错误值"＃N/A"，并影响后面的最早开始时间的值(图 5.1 第 F 列)，要对其进行修改。

	A	B	C	D	E	F	G
1	序号	代号	紧前工序	紧后工序	作业时间	最早开始	最早结束
2	1	A	—	B	2	0	2
3	2	B	A	C	4	2	6
4	3	C	B	D,E,I	10	6	16
5	4	D	C	G	6	16	22
6	5	E	C	F,H	4	16	20
7	6	F	E	J	5	20	25
8	7	G	D	H	7	22	29
9	8	H	E，G	M	9	#N/A	#N/A
10	9	I	C	J	7	16	23
11	10	J	F，I	K,L	8	#N/A	#N/A
12	11	K	J	N	4	#N/A	#N/A
13	12	L	J	N	5	#N/A	#N/A
14	13	M	H	—	2	#N/A	#N/A
15	14	N	K，L		6	#N/A	#N/A

图 5.1　最早时间计算(1)

第三，对于多个紧前工序的，如 H 工序，其紧前工序有两个：E 和 G，因此 F9 单元格的公式为：＝max(G6，G8)。同理，在 F11 输入：＝max(G7，G10)；在 F15 输入：＝max(G13，G14)。于是完成最早开始时间的计算(图 5.2)。

(4) 计算最迟开始时间。最迟开始时间等于该工序最迟结束时间与该工序作业时间之差。故在 H2 单元格输入：＝I2－E2，并复制到 H3：H15 单元格区域。

	A	B	C	D	E	F	G
1	序号	代号	紧前工序	紧后工序	作业时间	最早开始	最早结束
2	1	A	—	B	2	0	2
3	2	B	A	C	4	2	6
4	3	C	B	D,E,I	10	6	16
5	4	D	C	G	6	16	22
6	5	E	C	F,H	4	16	20
7	6	F	E	J	5	20	25
8	7	G	D	H	7	22	29
9	8	H	E,G	M	9	29	38
10	9	I	C	J	7	16	23
11	10	J	F,I	K,L	8	25	33
12	11	K	J	N	4	33	37
13	12	L	J	N	5	33	38
14	13	M	H	—	2	38	40
15	14	N	K,L	—	6	38	44

图 5.2 最早时间计算(2)

(5) 计算最迟结束时间。最迟结束时间是指不影响总工期条件下其紧后工序的开工时间，其值为所有紧后工序最迟开始中最小者，也分为三种情况：

第一，对于最后工序(无紧后工序的工序，本例中为 M、N)，其最迟结束时间就等于所有收尾工序最早结束时间的最大值，实际上也是所有活动的最早结束时间的最大值，即在 I14、I15 单元格输入＝max(G2，G15)＝44。

第二，对于只有一个紧后工序的，其最迟结束时间就等于其紧后工序的最迟开始时间。故在 I2 单元格输入：＝INDEX(＄H＄2：＄H＄15，MATCH(D2，＄B＄2：＄B＄15，0))，并复制到 I3：I13，从而完成只有一个紧后工序的各工序的最迟结束时间的计算。但对于有多个紧后工序的工序，其最迟结束时间发生错误，公式需要修改。

第三，有多少紧后工序，其最迟结束时间，应等于其所有紧后工序最迟开始时间的最小者。本例在 I11 输入：＝MIN(H12；H13)；在 I6 输入：＝MIN(H7，G9)；在 I3 输入：＝MIN(H5，H6，H10)。从而完成全部最迟时间的计算(图 5－3 中 H 列和 I 列)。

(6) 计算总时差。总时差等于最迟结束与最早结束之差，或等于最迟开始与最早开始之差。在 J2 输入：＝I2－G2，并复制到 J3：J15，得总时差(图 5.3 中 J 列)。

(7) 确定关键路线。关键路线即总时差为 0 的路线。在 K2 输入：＝IF(J2＝0,"＊＊","")，有"＊＊"标记的为关键路线(图 5.3 中 K 列)。

(8) 甘特图的制作。绘制最早时间的甘特图。在图 5.3 中，分别选择 A2：A15，E2：E15(作业时间)和 F2：F15(最早开始时间)三列，在 Excel 工具栏中选择"插入/条图/堆积条图"绘图，在"数据系列格式"中调整系列 1(作业时间)和系列 2(最早开始时间)的

	A	B	C	D	E	F	G	H	I
1	序号	代号	紧前工序	紧后工序	作业时间	最早开始	最早结束	最迟开始	最迟结束
2	1	A	—	B	2	0	2	#N/A	#N/A
3	2	B	A	C	4	2	6	#N/A	#N/A
4	3	C	B	D,E,I	10	6	16	#N/A	#N/A
5	4	D	C	G	6	16	22	20	26
6	5	E	C	F,H	4	16	20	#N/A	#N/A
7	6	F	E	J	5	20	25	#N/A	#N/A
8	7	G	D	H	7	22	29	26	33
9	8	H	E,G	M	9	29	38	33	42
10	9	I	C	J	7	16	23	#N/A	#N/A
11	10	J	F,I	K,L	8	25	33	#N/A	#N/A
12	11	K	J	N	4	33	37	34	38
13	12	L	J	N	5	33	38	33	38
14	13	M	H	—	2	38	40	42	44
15	14	N	K,L	—	6	38	44	38	44

图 5.3　最迟时间计算

顺序，使系列 2(最早开始时间)位于系列 1(作业时间)的前面，并将系列 2 的"填充"更改为"无填充"，将"系列 1"中的关键路线填充更改为红色，即得图 5.4 所示的甘特图。同理可得最迟时间的甘特图(图 5.5)。

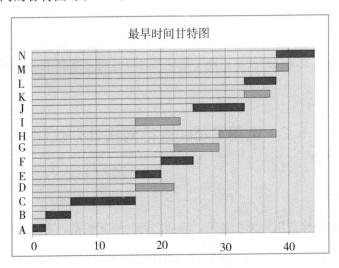

图 5.4　最早时间甘特图

图中红色为关键工序，这些工序构成的线路为关键线路。当各关键工序的作业时间缩短时，总工期才能缩短，反之，总工期总会延期。更改 Excel 中非关键工序的作业时间，关键工序与关键线路不变，更改 Excel 中关键工序的作业时间，可自动计算出各项工序的开始与结束时间，并得到新的关键路线。

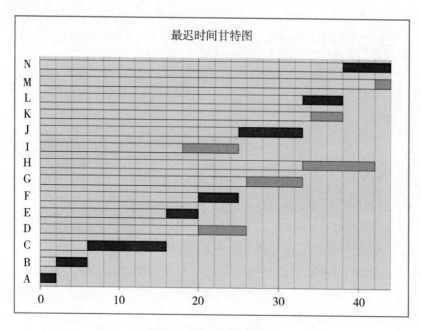

图 5.5　最迟时间甘特图

以上方法不需要事先绘制网络图，也不需要计算各结点的时间参数，便可直接确定各项活动的时间参数、关键线路及总工期，简化了计算过程，适合于小型项目网络计划的进度控制与管理。

5.3　运用 Excel 进行网络计划优化

5.3.1　实验内容

某工程项目的间接费用每天 110 元，活动之间的相互关系、直接费用如表 5-3 所示。

表 5-3　工程项目的有关资料

活动代号	结点编号		正常情况		极限情况		相差数		直接费用变动率
	i	j	时间	费用	时间	费用	时间	费用	
A	1	2	2	2 000	1	2 100	1	100	100
B	2	3	4	1 400	3	1 500	1	100	100

续表

活动代号	结点编号		正常情况		极限情况		相差数		直接费用变动率
	i	j	时间	费用	时间	费用	时间	费用	
C	2	5	4	800	3	950	1	150	150
D	2	4	3	700	1	860	2	160	80
E	3	6	5	1 200	4	1 400	1	200	200
F	4	5	5	2 000	3	2 200	2	200	100
G	4	7	4	800	2	900	2	100	50
H	6	8	2	700	1	850	1	150	150
I	5	8	6	900	3	1 350	3	450	150
J	7	8	1	950	0.5	1 150	0.5	200	400

试根据所给资料完成如下实验任务：

（1）计算初始网络计划的总工期及总费用。

（2）进行网络计划的时间—费用优化。

5.3.2 实验步骤

1. 计算初始网络计划的总工期及总费用

第一步：建立基本数据表。

在单元格 A2：k2 内建立计算项名称，分别输入"活动、紧前活动、正常时间、正常费用、赶工时间、赶工费用、最大赶工量、费用变化率、活动开工时间、作业时间压缩量、活动完成时间"；在单元格 A3：F12 内分别输入活动代号、紧前活动以及正常时间、正常费用、赶工时间、赶工费用的数值。

计算最大赶工量：在单元格 G3 中输入"＝C3－E3"，选中 G3，按住鼠标左键拖到 G12，表示与作业对应的最大赶工量。

计算各项活动的直接费用变化率：在单元格 H3 中输入"＝(F3－D3)/G3"，选中 H3，按住鼠标左键拖到 H12，表示对应活动的直接费用变化率。

第二步：计算活动开始与完成时间。

在单元格 K3 中输入"＝I3＋C3－J3"，选中 K3，按住鼠标左键拖到 K12，计算活动完成时间；单元格 J3：J12 为作业时间压缩量，是可变单元格。

计算活动开始时间:在单元格 I3:I12 中根据活动间的相互关系,输入各活动开始时间的函数表达式(可综合运用 INDEX 和 MATCH 函数,具体参照上一节)。

活动开始时间＝紧前活动的完成时间＋(活动的正常时间－作业时间压缩量)。当紧前活动不止一条时,应选所有紧前活动完成时间中的最大者。

第三步:定义项目和总工期、总费用。

在单元格 D16 中输入"＝MAX($K$3:$K$12)",定义项目总工期;在单元格 E16 中输入"＝SUM($D$3:$D$12)＋SUMPRODUCT($H$3:$H$12,$J$3:$J$12)",定义项目的直接费用,在单元格 F16 中输入"＝D16＊$D$14"(其中 $D$14 为项目单位时间的间接费用),定义项目的间接费用,在单元格 G16 输入"＝E16＋F16",计算项目的总费用。

第四步:规划求解,编制初始网络计划。

以上各计算项定义好后,初始方案已经得到,对应的总工期为 16 天,总费用为 13 210 元,如图 5.6 所示。(注:若要确定关键活动及关键线路,可参见上一节介绍的方法)

活动	紧前活动	正常时间	正常费用	赶工时间	赶工费用	最大赶工量	费用变动率	活动开始时间	作业时间压缩量	活动完工时间
A	-	2	2000	1	2100	1	100	0		2
B	A	4	1400	3	1500	1	100	2		6
C	A	4	800	3	950	1	150	2		6
D	A	3	700	1	860	2	80	2		5
E	B	5	1200	4	1400	1	200	6		11
F	D	5	2000	3	2200	2	100	5		10
G	D	4	800	2	900	2	50	5		9
H	E,F,C	2	700	1	850	1	150	11		13
I	F,C	6	900	3	1350	3	150	10		16
J	G	1	950	0.5	1150	0.5	400	9		10

单位间接费用		110				
优化条件		总工期	直接费用	间接费用	总费用	
初始计划		16	11450	1760	13210	

图 5.6 初始方案示意图

2. 进行网络计划的时间—费用优化

可以利用上面定义的各作业相互关系表,通过规划求解来计算该工程的最短完成时间。其步骤如下:执行"工具→规划求解"命令,弹出"规划求解参数"对话框,并如图 5.7 所示定义各选项。

活动	紧前活动	正常时间	正常费用	赶工时间	赶工费用	最大赶工量	费用变动率	活动开始时间	作业时间压缩量	活动完工时间
A	-	2	2000	1	2100	1	100	0	1	1
B	A	4	1400	3	1500	1	100	1	0	5
C	A	4	800	1	950	1	150	1	0	5
D	A	3	700	1	860	2	80	1	2	2
E	B	5	1200	4	1400	1	200	5	0	10
F	D	5	2000	3	2200	2	100	2	1	6
G	D	4	800	2	900	2	50	2	0	6
H	E,F,C	2	700	1	850	1	150	10	0	12
I	F,C	6	900	3	1350	3	150	6	0	12
J	G	1	950	0.5	1150	0.5	400	6	0	7

单位间接费用	110			
优化条件	总工期	直接费用	间接费用	总费用
时间-费用优化	12	11810	1320	13130

图 5.7 "规划求解参数"对话框

规划求解的结果如图:将活动 A、D、F 的作业时间分别压缩 1、2、1 天,可以保证项目的最短工期为 12 天,最低费用 13 130 元。

5.4 运用 Excel 进行非确定性网络计划分析

5.4.1 实验内容

某工程项目的网络图、各工序作业时间估计见图 5.8。

(1) 试计算该项目在 20 天内完工的概率是多少?

(2) 如果完工的概率要求达到 95%,则指定完工期应该规定为多少天?

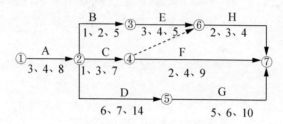

图 5.8 某工程项目的网络图、各工序作业时间估计示意图

5.4.2 实验步骤

实验分析:

在非确定型网络中,各项作业或工序的作业时间一般采用三点时间估计法来求得平均值,作业时间平均值计算公式:

$$T = \frac{a + 4m + b}{6}$$

其中:a 为最乐观的完工时间,b 为最保守的完工时间,m 为最可能的完工时间。

作业时间具有随机的性质,也会有一定的偏差,因而使得整个工程项目或计划任务的总工期也具有随机性质。如果我们对整个工程项目的完工期是指定的,即规定期限,那么通过一定的方法计算,可以求得在指定完工期的条件下,计划任务按规定日期完工的可能性有多大?这就是指定工期的完工概率问题。

在一个网络图中,关键线路是由各项关键作业组成的。由于关键作业的作业时间是一个概率分布,因而关键线路完工期也是一个概率分布。假设网络计划中所有作业或工序都是相互独立的,而关键线路包括了较多的作业数量,以致每个活动的作业时间对于关键线路完工期来说影响很小,我们就可以应用中心极限定理的原理去分析关键线路的长度,即关键线路完工期的概率分布接近正态分布。

设关键线路完工期 T 为服从正态分布的随机变量分布:

分布的均值 μ 为关键线路长度的均值,即各关键作业的作业时间平均值之和;分布的方差 σ^2 为各关键作业的作业时间方差之和。各关键作业的作业时间方差:

$$\sigma_i^2 = \left(\frac{b_i - a}{6}\right)^2$$

下面结合本实验内容介绍实验步骤：

第一步：建立基本数据表，计算活动的平均作业时间、方差。

第二步：确定关键活动，计算关键活动的方差及项目总工期、总方差。（见图5.8，计算过程省略，参见上节）

第三步：计算该项目在20天内完工的概率。根据以上网络图的资料，即求：

$$P(T \leqslant 20)=\int_{\infty}^{20} \frac{1}{\sqrt{2\pi}\sigma}^{-\frac{(x-\mu)^2}{2\sigma}} \mathrm{d}x$$

其中：分布的均值 μ 为关键线路长度的均值，等于19；分布的标准差 σ 为各关键作业的作业时间方差之和再开根，等于1.7795。参数的计算过程见图5.9。

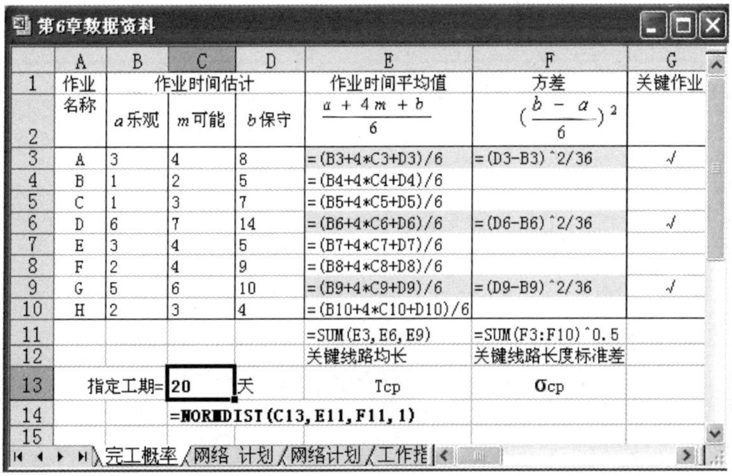

第6章数据资料

	A	B	C	D	E	F	G
1	作业	作业时间估计			作业时间平均值	方差	关键作业
2	名称	a乐观	m可能	b保守	$\frac{a+4m+b}{6}$	$(\frac{b-a}{6})^2$	
3	A	3	4	8	=(B3+4*C3+D3)/6	=(D3-B3)^2/36	√
4	B	1	2	5	=(B4+4*C4+D4)/6		
5	C	1	3	7	=(B5+4*C5+D5)/6		
6	D	6	7	14	=(B6+4*C6+D6)/6	=(D6-B6)^2/36	√
7	E	3	4	5	=(B7+4*C7+D7)/6		
8	F	2	4	9	=(B8+4*C8+D8)/6		
9	G	5	6	10	=(B9+4*C9+D9)/6	=(D9-B9)^2/36	√
10	H	2	3	4	=(B10+4*C10+D10)/6		
11					=SUM(E3,E6,E9)	=SUM(F3:F10)^0.5	
12					关键线路均长	关键线路长度标准差	
13		指定工期=	20	天	Tcp	σcp	
14			=NORMDIST(C13,E11,F11,1)				
15							

图5.9 参数的计算过程示意图

计算结果表明：指定工期为20天的话，完工概率为71.29%，如图5.10所示。

第四步：要求完工概率达到95%，计算指定完工期应该规定的天数T。

即求满足：$P(X \leqslant T)=\int_{-\infty}^{T} \frac{1}{\sqrt{2\pi}\sigma} \mathrm{e}^{-\frac{(x-\mu)^2}{2\sigma^2}} \mathrm{d}x \geqslant 0.95$ 条件下的 T 值。

利用Excel“单变量求解”功能计算积分上限 T 的数值。具体步骤为：保持原先设定的单元格C14“=NORMDIST(C13，E11，F11，1)”，作为目标单元格；执行“工具”→“单变量求解”命令，在弹出的对话框中设置：目标单元格：C14，目标值0.95；可变单元格：C13。点“确定”之后可见求解结果：如果要求完工概率达到95%，则指定工期 T=21.92≈22天。当要求增加完工的可靠性，只能适当放宽工期，如图5.11所示。

第6章数据资料

	A	B	C	D	E	F	G
1	作业名称	作业时间估计			作业时间平均值	方差	关键作业
2		a乐观	m可能	b保守	$\frac{a+4m+b}{6}$	$(\frac{b-a}{6})^2$	
3	A	3	4	8	4.5	0.6944	√
4	B	1	2	5	2.3333		
5	C	1	3	7	3.3333		
6	D	6	7	14	8	1.7778	√
7	E	3	4	5	4		
8	F	2	4	9	4.5		
9	G	5	6	10	6.5	0.6944	√
10	H	2	3	4	3		
11					19	1.7795	
12					关键线路均长	关键线路长度标准差	
13		指定工期=	20	天	Tcp	σcp	
14			0.7129				
15							

图 5.10 计算结果示意图

C14 =NORMDIST(C13,E11,F11,1)

	A	B	C	D	E	F	G	H
1	作业名称	作业时间估计			作业时间平均值	方差	关键作业	
2		a乐观	m可能	b保守	$\frac{a+4m+b}{6}$	$(\frac{b-a}{6})^2$		
3	A	3	4	8	4.5	0.6944	√	
4	B	1	2	5	2.3333			
5	C	1	3	7	3.3333			
6	D	6	7	14	8	1.7778	√	
7	E	3	4	5	4			
8	F	2	4	9	4.5			
9	G	5	6	10	6.5	0.6944	√	
10	H	2	3	4	3			
11					19	1.7795		
12					关键线路均长	关键线路长度标准差		
13		指定工期=	21.9189	天	Tcp	σcp		
14			0.9495					

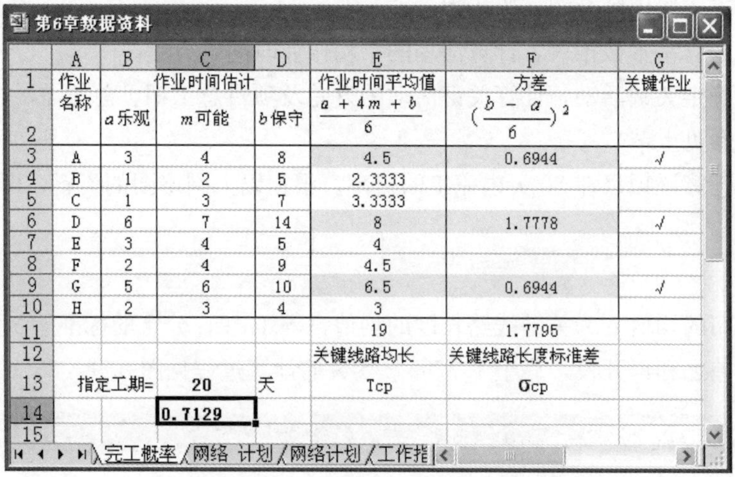

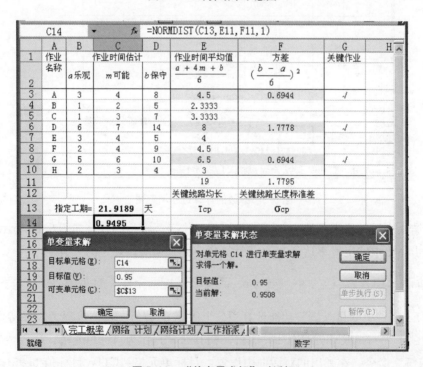

图 5.11 “单变量求解”对话框

第5章 运用Excel编制项目计划

实 验 练 习

实验练习一 关键线路的确定

1. 实验目的

(1) 掌握网络计划技术的内容,关键路径法的线性规划解法。

(2) 掌握 Excel 中的规划求解工具,关键路径法的线性规划解法。

2. 知识准备

(1) 熟练掌握网络图的绘制。

(2) 掌握关键路径法转化为线性规划模型。

(3) 求解关键路径法转换的线性规划问题问题。

3. 实验任务

某农贸公司拟在市中心地区举办绿色食品系列大型会展,工作计划清单如表5-4。

表5-4 工作计划清单

工序代号	作业内容	时间(天)	紧前作业	工序代号	作业内容	时间(天)	紧前作业
A	市场调研	3	—	G	展区规划	4	C、E
B	资金筹措	4	—	H	人员招聘与培训	5	C、E
C	批文申报	2	A	I	广告与票务	6	F、G
D	场地选择	5	A	J	展品物流	11	B、D
E	财务预算	3	B、D	K	现场布置	3	J
F	展商与展品落实	7	B、D	L	剪彩开展	1	K

实验任务:

(1) 确定关键路线及总工期。

(2) 绘制用最早开始时间表示的项目计划横道图。

(3) 分析活动变动对关键线路及总工期的影响。

4. 实验要求

(1) 撰写实验报告。

(2) 实验体会和实验中存在的问题。

实验练习二 网络计划的优化

1. 实验目的

(1) 掌握网络计划优化的分类。

(2) 深刻理解网络时间—费用优化的基本原则。

(3) 掌握运用 Excel 工具进行网络计划优化的基本技巧。

2. 实验任务

某企业进行一向工厂扩建项目,各作业的顺序、正常与赶工情况下的费用见表 5-5。利用表中信息,进行时间—费用优化,确定最低的项目费用及其对应的工期。项目的间接成本为 1 500 元/周。

试根据所给资料完成如下实验任务:

(1) 计算初始网络计划的总工期及总费用。

(2) 进行网络计划的时间—费用优化。

(3) 分别讨论在工期限制或费用限制条件下的网络计划优化问题。

表 5-5 项目明细表

活动	紧前活动	正常时间	赶工时间	正常费用	赶工费用
A	—	? 5	3	600	800
B	—	14	12	2 500	2 900
C	A	13	10	1 800	3 000
D	A、B	10	9	2 000	2 500
E	C	5	5	1 800	1 800
F	D	8	7	2 600	2 900
G	B	12	11	3 200	3 500
H	E	16	14	1 500	2 800

3. 实验要求

(1) 撰写实验报告。

(2) 实验体会和实验中存在的问题。

第 6 章 运用 Excel 进行生产控制

6.1 概　述

生产控制是为了确保生产过程处于受控状态,对直接或间接影响产品质量的生产和服务过程所采取的作业技术和生产过程的分析、诊断和监控,生产系统运行控制的活动内容十分广泛,涉及生产过程中各种生产要素、各个生产环节及各项专业管理,其内容主要有:对制造系统硬件的控制(设备维修)、生产进度控制、库存控制、质量控制、成本控制、数量控制等。生产进度控制是对生产量和生产期限的控制,其主要目的是保证完成生产进度计划所规定的生产量和交货期限。其他方面的控制水平,诸如库存控制、质量控制、维修等都对生产进度产生不同程度的影响。在某种程度上,生产系统运行过程的各个方面问题都会反映到生产作业进度上。因此,在实际运行管理过程中,企业的生产计划与控制部门通过对生产作业进度的控制,协调和沟通各专业管理部门(如产品设计、工艺设计、人事、维修、质量管理)和生产部门之间的工作,可以达到整个生产系统运行控制的协调、统一。

生产控制有事后控制、事中控制与事前控制三种方式,企业实际操作中,三种控制方式一般是结合起来使用。事后控制是最基本的最普遍的一种方式,但效果不如事中和事前控制好,一般应该更多地采用事中控制和事前控制。目前,出现了许多生产控制工具,以 ERP 系统为代表性的企业资源管理系统是一种典型的控制方式,但在实际中,许多企业由于基础管理薄弱,生产流程不规范,统计数据不健全,导致 ERP 系统的应用效果大打折扣。

企业 Excel 具有很强的生产管理功能,利用它进行生产数据组织、报表设计、页面布局的调整和打印格式的设置等简单操作,就可以完成许多生产进度控制工作。下面介绍 Excel 在生产进度控制中的具体应用。

6.1.1　建立产品加工信息数据库

用 Excel 建立一个数据库,实际上就是用 Excel 生成某种形式的表格文件。首先 Excel

中新建一个工作簿(workbook)文件,该工作簿含有许多工作表(work-sheet)。把工作表的表头首行作为标题行,在标题行的各单元格中输入产品的加工信息各要素。如:生产车间、工号、零部件名称、零部件图号、下料、铸造、锻造、车工、铣工、镗工、焊工、热处理、计划下达时间、完工情况等。然后在各个标题所对应列的各单元格中,输入所有产品生产的相关信息,并取一个文件名把这个工作簿保存下来就形成了一个基本的产品加工信息库,因 Excel 文件是以表格形式出现的,为了容易查找和阅读数据,可在表格中填入不同颜色以示区别。

6.1.2 产品加工信息的输入或查阅

有时需要修改各种记录数据,如需修改某个单元格中的数据,则只要选定该单元格,然后重新录入数据即可。若数据较长且只需修改部分内容,则也可先选定单元格,然后单击编辑栏,移动光标到需要修改处进行修改,之后按确认键即可。

至于许多重要的备注信息可以直接在相应的单元格中进行批注,并显示批注提示符号,需要查看时即可打开查阅。例如,机械加工工件的加工顺序、工件的加工工时等信息都可以批注。

6.1.3 加工信息的筛选与查询

Excel 在"数据"菜单中提供了多种数据筛选方式,可以自动或设定条件筛选功能后,报表中所有的列名变为下拉式列表,如单击列名右端的小三角,则该列所登录的所有类别的信息都会显示出来,单击这些类别信息中的一个,立刻可得到以这个类别信息为筛选的所有数据行。当然,也可用"自定义自动筛选"的方式来进行复杂查询条件的筛选,使筛选后显示出来的表格符合自己的要求,以方便查找和统计计算。例如:"生产车间"栏中点击下拉按钮,则所有登录的生产单位都会不重复的显示出来。当需要查找"金工车间"时,只要点击显示出来的"金工车间",则所有金工车间的零件加工计划就会以单独的一个表格显示出来,在这个表中还可以不断地复选,如需要查找 6 月份"金工车间"的生产计划,则可在"下达时间"栏中运用"自定义"筛选方式,只要输入"大于等于 6 月 1 日和小于等于 6 月 30 日"的筛选取条件,则 6 月份金工车间的机械加工情况就都会显示出来。

当然,更复杂的筛选和查询还可使用"高级筛选"和"查询向导"功能进行信息筛选和查询。

6.1.4 产品加工信息的统计与分析

1. 数据排序

产品加工计划中经常需将表格数据按某种特征时行重排序,以使得表格看起来一目了然。Excel 提供了两种排序工具,一种是简单排序,利用常用工具栏中的"升序"和"降序"按钮,实行按某一列的数据值的升序和降序排列。如按"完工情况"降序进行排序后可以清楚地看出,各零部件的完工时间及总的生产计划的完成情况。另一种复杂排序,即按主关键词递增或递减,次关键词递增或递减,第三关键词递增或递减进行层层排序。如先按"生产车间"递增,再选按"小计"递增进行排序,这样,各生产单位需加工的工时总数从少到多就一目了然了。

2. 分类汇总与分级显示

在产品加工计划信息中,时常需要制作各种分类或汇总表等,Excel 在"数据"菜单中专门提供了"分类汇总"工具,可以方便地对表格数据进行分类汇总,汇总报表数据还可以分级显示。

3. 自动求和

机械加工有车削、镗削、磨削、铣削等工序,各机床的加工工时与总工时具有加和关系。这时利用 Excel 的"自动求和"功能或 SUM 函数,对不同工作表的数据进行快速准确的统计。

4. 数据透视表

"数据"菜单中的"数据透视表"对产品加工信息的统计分析、制作各类报表非常有用。它是一种对大量数据快速汇总和建立交叉列表的交互式表格,既可以转换行和列以查看源数据的不同汇总结果,也可以显示不同页面以筛选数据,还可以根据需要显示区域中的明细数据。通过数据透视表,可以按指定的格式和计算方法,以报告的形式对各信息要素进行汇总计算,极具实用价值。开始使用时,为了简便快捷,可以先使用"数据透视表向导"来制作。

5. 数据图表

Excel 的突出优点是它可以制作出图文并茂的工作报表。当你需要对数据表格进行分析并希望直观地表示分析结果时,即可选择 Excel 的图表功能。如:在产品生产计划信息表中,当需要分析月、季、年中各生产单位在本期的总工作量中所占的比例时,可用柱形图来直观地显示分析结果。当需要分析月、季、年中各机床在本期总工时中的利用率时，可用圆饼图来直观地显示分析结果。

6.2 运用 Excel 进行生产调度控制

6.2.1 基本资料

现有一机械加工企业，下设三个分厂，他们分别给制糖、制浆、造纸企业提供备品备件。该企业平均每个月约有 1 000 份生产加工计划，绝大部分是按照各部门提供的零件图纸加工的。也就是说厂内每月大约有 1 000 张加工图纸分工序来安排加工，每张图纸上都有统一编号，订有工序派工单，每完成一个工序之后（经质检验收通过后），就由调度员按照加工零件的时间要求和各工作岗位的工作量来安排其下一道工序。现实工作中常常碰到这样的问题，当需要及时了解某一零件加工具体的完成情况，或图纸需要作相应的修改时，因数据无从查起，往往要花大量时间进行处理。所以，迫切需要建立一个生产工艺管理系统，收集有关生产数据，随时查询和记录零件加工图纸所处的班组、工序或操作者，为生产调度人员提供真实可靠的依据。

6.2.2 实验设计与分析

上例中的企业属于多品种小批量生产类型的机械加工企业，其生产特点是品种多，批量少，产品不定期地轮番上场。工作场地的专业化程度较低，通用设备的比例高，设备种类配套齐全，生产过程中的物流、信息流复杂，控制较为困难。由于产品复杂，会有大量的自制零部件由许多按工艺分工的车间分别加工，产品结构和工艺路线都非常复杂，而且这些零件又是在众多的设备或工作中心上加工的，需要很多的协调工作。因此，车间的生产调度是管理工作的难点。为了帮助生产调度人员进行科学决策，下面介绍一种运用 Excel 进行生产组织与调度控制的简易方法。

1. 建立生产进度记录表

运行 Excel，建立文件名为"生产进度记录表"的文件，合并第一行单元格，输入生产年份。从工作表第一列、第二行开始，分别输入序号、日期、零件名称、规格型号、数量以及各零件的生产加工工序名称等。其中：序号为流水顺序号，日期为正式计划生产生成的时间。选择"设置单元格格式"命令，设置单元格属性。将"Sheet1"工作表标签重命名为如“制糖”。

2. 生产进度记录表的复制

右键单击左下方的“制糖”标签，选择移动或复制工作簿，点击建立副本。然后对“制糖(2)”点击右键，选择“重命名”，输入，即生成制浆厂的加工记录表，把相关的单位名称都输入工作簿。以此类推，生成造纸厂的加工记录。

3. 派工时间的记录

选定要派工零件对应的工序所在的单元格，根据需要派工的时间，设置该单元格的日期，即可对该工序进行简单监控。如：点击“制糖”工作表，选定其中的A零件，数量为4 000件，材料为a1，交由冷加工先做，派工时间为8月10日，就在本行的F3单元格输入8月10日，设置其单元格格式。这样，当需要了解制糖厂A零件的加工进度时，打开工作表就能准确找到其做到哪个工序了（图6.1）。

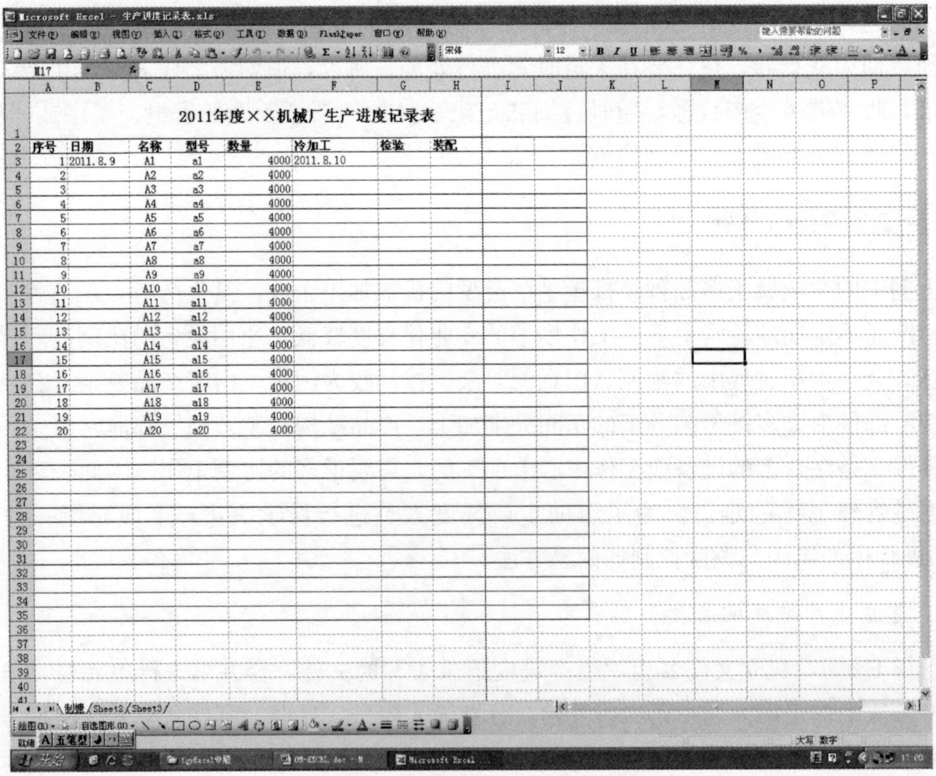

2011年度××机械厂生产进度记录表

序号	日期	名称	型号	数量	冷加工	检验	装配
1	2011.8.9	A1	a1	4000	2011.8.10		
2		A2	a2	4000			
3		A3	a3	4000			
4		A4	a4	4000			
5		A5	a5	4000			
6		A6	a6	4000			
7		A7	a7	4000			
8		A8	a8	4000			
9		A9	a9	4000			
10		A10	a10	4000			
11		A11	a11	4000			
12		A12	a12	4000			
13		A13	a13	4000			
14		A14	a14	4000			
15		A15	a15	4000			
16		A16	a16	4000			
17		A17	a17	4000			
18		A18	a18	4000			
19		A19	a19	4000			
20		A20	a20	4000			

图6.1　生产进度记录表示意图

实践证明，利用 Excel 强大的数据信息处理能力可快速、灵活地完成生产进度记录表的建立、分类、查询、统计等管理工作，提高了管理人员的工作效率，加之 Excel 作为一种综合性的通用办公软件，所面向使用对象非常广泛所以，Excel 的应用，使企业生产进度的管理可更加标准化、规范化，促使管理工作水平和工作质量的提高。

第 2 篇　基于 Witness 的生产系统仿真实验

仿真技术作为一门独立的学科已经有五十多年的历史，它不仅用于航天、航空、各种武器系统的研制部门，而且已经广泛应用于电力、交通运输、通信、化工、核能各个领域。特别是近二十年来，随着系统工程与科学的迅速发展，仿真技术已从传统的工程领域扩展到非工程领域，因而在社会经济系统、环境生态系统、能源系统、生物医学系统、教育训练系统也得到了广泛的应用。仿真技术正是从其广泛的应用中获得了日益强大的生命力，而仿真技术的发展反过来使其得到越来越广泛的应用。

在系统的规划、设计、运行、分析及改造的各个阶段，仿真技术都可以发挥重要作用。随着人类所研究的对象规模日益庞大，结构日益复杂，仅仅依靠人的经验及传统的技术难于满足越来越高的要求。基于现代计算机及网络的仿真技术，不但能提高效率，缩短研究开发周期，减少训练时间，不受环境及气候限制，而且对保证安全、节约开支、提高质量尤其具有突出的功效。

目前关于仿真的软件较多，如 Simulation，SimuWorks，Arena，Flexsim，e-Mpliant，Witness 等等。由英国 Lanner 集团开发设计的 Witness 软件作为一种先进的运作系统建模与仿真优化平台，在生产运营、供应链、物流、服务系统仿真优化方面获得了大量的应用和研究成果。基于面向对象建模理念开发设计的 Witness 软件具有编程工作量少、可视化动态模拟界面、方便的统计报表系统、智能优化算法等特征，通过 Witness 开发的系统仿真模型，将实际系统的运行场景以可视化的方式呈现在学生面前，使学生获得实际系统现场的直观认识，易于理解和控制。本教程重点探讨 Witness 在生产系统仿真实验的应用。

第 7 章 Witness 仿真软件简介

7.1 Witness 软件的主要功能

7.1.1 Witness 的应用领域

Witness 软件是英国 Lanner 集团集数十年经验开发的流程仿真平台广泛应用于生产和流程系统运营管理与优化、流程改进、工厂物流模拟与规划、供应链建模与优化等。Witness 是目前国际上领先的面向企业流程的建模仿真平台，其可视化建模与仿真优化技术广泛应用于汽车制造、港口物流、钢铁制造、电子制造、空港规划设计等行业。在现代工业工程领域，计算机仿真一直是不可缺少的决策支持工具，它在大型工程项目的前期规划、投资平衡分析、生产物流的运行控制、供应链与库存管理、作业排序、资源分配、流程再造等众多方面发挥了巨大作用。

Witness 仿真系统提供给用户关于实际系统决策过程的更广阔的视角和详细的流程信息，它可以方便地处理复杂随机系统的仿真和优化，从生产线到车间到整个工厂，再到供应链系统的库存、瓶颈、流程、协作和信息共享等方面。通过仿真可以快速改变和优化系统的流程逻辑和决策数据的灵敏度分析。

Witness 是一款通用的系统仿真平台，广义上说，它可用于汽车、食品、化工、造纸、电子、航空、工程、运输、银行、政府等社会各类系统的评估、改善和优化。

(1) 评估装备与流程设计的多种可能性。
(2) 提高工厂与资源的运行效率。
(3) 减少库存。
(4) 缩短产品上市时间。
(5) 提高生产线产量。
(6) 优化资本投资。

7.1.2 Witness 的主要功能

（1）Witness 提供了大量的描述工业系统的模型元素。如生产线上的加工中心、传送设备、缓冲存贮装置等，以及逻辑控制元素，如流程的倒班机制，事件发生的时间序列，统计分布等，用户可方便地使用这些模型元素建立起工业系统运行的逻辑描述。通过其内置的仿真引擎，可快速地进行模型的运行仿真，展示流程的运行规律。进一步，在整个建模与仿真过程中，用户可根据不同阶段的仿真结果，随时地修改系统模型，如添加和删除必要的模型元素，动态地提高模型的精度。可方便地设计与测试新设计的工厂和流程方案，平衡服务与花费，简化换班模式，评测可选的设计方案。

（2）流程的仿真动态演示。Witness 提供了直观的流程运行的动态的动画展示，使用户清楚和直观地了解系统的运行过程，通过其 Fastbuild 功能，可快速生成系统模型元素的三维立体表示，可展示系统模型在三维空间的运行效果。

（3）流程环节的灵敏度分析。Witness 内置强大的仿真引擎，及模型元素运行状态的多种表示方法，如饼形图、柱形图等，可使用户实时看到系统模型各个部分的运行状态，清楚地展示出流程中的拥堵环节，找出问题所在，为系统的优化设计提供重要的依据。

（4）方便的图形界面操作功能，如多窗口显示，'Drag & drop'便捷的拖拉建模方法，多种仿真结果的报表及图示。

（5）强大的建模功能模组，层次建模策略，可定制的模型组件库。Witness 提供的系统建模元素主要有：属性元素（Attributes），缓冲与库存元素（Buffer），运送设备元素（Carrier），传送设备元素（Conveyors），描述时间发生规律的统计分布元素（Distributors）等三十多个。进一步，Witness 还允许用户定制自己领域独特的建模元素。

（6）Witness 是采用面向对象的建模机制，为了用户更方便和细致地建立和描述自己的系统模型和模型的行为，提供了丰富的模型运行规则和属性描述函数库。Witness 提供了一千多个描述模型运行规则和属性描述函数，其中包括系统公用的函数，与建模元素行为有关的规则与属性函数，与仿真时间触发特性相关的函数等。考虑到用户领域问题的独特性，Witness 还专门提供了用户自定义函数的描述功能，使得用户可方便地定制自己的系统。

（7）由于用户的流程数据往往存储在数据库或其他文件系统中，为了能方便地引用这些数据，Witness，提供了与其他系统相集成的功能，如直接读写 Excel 表，与 ODBC 数据库驱动相连接，输入描述建模元素外观特征的多种 CAD 图形格式文件如：jpg、gif、wmf、dxf、bmp 等。

(8) 与 FactoryCAD 系统的集成。在 FcatoryCAD 中以 SDX（Simulation Data Exchange）的文件格式输出系统工艺流程的属性数据，如加工中心的加工循环时间，物料搬运设备的使用效率经济性指标等。Witness 的 SDX 功能可使用户从 FactoryCAD 系统里输出的信息的转化为 Witness 仿真模型。包括在 Witness 里自动建立布局图表，使用这些数据建立 Witness 路径选择，选项包括部件类型图标的设置，机床类型和传送带表示和改变颜色、缩放比例、改变位置等，这个重要的预设置也允许一套自动报告选项位置被定义。

7.2 Witness 仿真实验的意义

7.2.1 可视化建模方式增强学生学习兴趣

Witness 为生产系统中各种类型的资源设计了对应的可视化元素，常用的建模元素为 Part、Machine、Buffer、Vehicle 等。Part 类型元素模拟通过系统并被动态显示出来的处理对象，例如生产系统中的零部件、中间件、成品，服务系统中的顾客，或者物流系统中的包裹等。Machine 类型元素模拟任何对 Part 类型元素进行处理的对象，例如生产系统中的机器设备或者工作站，服务系统中的工作台。Buffer 类型元素模拟存储 Part 元素的场所，例如原料仓库、成品库存，或者顾客队列。Vehicle 类型元素模拟系统中的搬运工具，主要将 Part 类型元素从一个工作地运往另一工作地。这些元素在 Witness 中均以可视化的方式呈现出来，在建模过程中，通过鼠标操作，可以在模型工作区直接显示出当前的建模对象，逼真形象地模拟了实际生产系统，有利于学生理解当前的建模工作和实际系统的运作规律，提高学习理论知识的兴趣。

7.2.2 元素细节设计帮助学生掌握系统资源配置参数

在 Witness 仿真平台中定义相关元素之后，需要对每个元素的运作细节进行设计，让元素能够表征实际生产系统中被模拟对象的特征，例如生产线的节拍、设备的作业周期、故障间隔、修复周期等。Witness 中每种元素都具有细节设计对话框，通过这些对话框，在可视化交互模式下对元素进行具体的细节设计，能够深刻理解运作系统资源的详细配置。

（1）设计输送线的长度和速度，以及在每个工位处的传感器位置。输送线长度决定了整条链上最多能够放置多少部半成品手机,输送线速度同生产节拍是相对应的;各工位处传感器用于当手机从上游工序送达该工序,如果该工序作业员正处于忙的状态,传感器需要结合机械装置自动将手机从输送线上取下。

(2) 设计每个工位的作业时间、工位设备故障以及作业员的班次安排。作业时间对应该工位作业员每完成单个工序所需的时间,该作业时间是一个随机分布,一般为均匀分布、三角分布或者截断正态分布;工位设备故障设计是要模拟各个工位上设备具有特定的随机故障和周期性维修活动,在这些活动发生时,这些工位将不能在进行正常的作业活动,也就影响了系统连续运行;作业员的班次设定是模拟生产系统中作业员每天两班的工作和空闲时间和员工交接班的特性。

(3) 设计每项资源的固定成本和运行成本。通过固定成本和运行成本的设计以及每部手机下线的收入对比,系统可以自动统计出在不同模式下的收益。

可以看出,在进行可视化细节设计时,要紧密结合实际生产系统的运行特征,理解实际系统各项资源的具体配置参数,对实际生产系统运作规律进行描述。

7.2.3 流程规则设计促进学生理解生产控制流程

实际生产控制系统的流程控制方式有很多种,例如根据 ERP 的生产计划进行的推式生产。但是由于当前学生社会实践经验缺乏,对这些流程控制方式理论理解上有一定难度。通过 Witness 中的流程规则设计,将生产系统中的各个元素连接起来,形成生产系统的运作流程控制逻辑,可以帮助学生形象地理解生产流程实际运行情况。

Witness 提供了 Pull、Push、Sequence、Match 以及 If 判定条件等流程控制语句。Pull 语句实现本工位设备直接从上游元素处领取零部件进行加工,例如直接从本工位前面的缓存区域获取零部件进行加工处理;Push 语句实现当本工位对当前零部件处理完毕后将其送往何处,例如加工完毕后通过工人将零部件运往车间仓库存储;Sequence 语句实现当本工位获取多件零部件进行装配操作时,如果这些零部件的装配具有先后顺序关系时,逐次放入本工位的输入方式,例如本工位需要将几个二极管装配到仪表盘上,该工位输入零部件的顺序必然是先仪表盘,然后才是各个二极管,而不能先将二极管放到工位上,然后再将仪表盘放上来;Match 语句实现当本工位的输入零部件满足一定条件方能被获取,例如本工位需要安装多种型号的产品,这些产品装配的零部件通过集中配送的方式送达工位前的缓存区,这时工位需要根据产品型号的不同从缓存区提取对应的零部件;If 判定条件方式以更灵活的方式实现系统流程,通过变量进行控制可以实现看板生产、批量调度等流程控制方式。这些流程规则可以使用可视化的方式设定,也可以直接输入语句。为了实现这些流程规则，需要调查、思考实际生产系统是如何流动起来的，使用不同的流程规则的优缺点以及使用情况等问题。

7.2.4 标准化统计报表提高学生系统分析能力

建立仿真模型的最终目的是要通过仿真实验，对实验数据进行分析，识别出当前系统的运行状况并提出改善建议。Witness仿真系统提供了大量标准的实验结果统计报表，对每个元素在实验过程中的相关指标都进行了统计，例如设备的忙率、空闲率、故障时间率、成本数据、完成作业数量等；零部件进入系统的数量、在系统中的等待时间、通过系统的时间等；车辆的运行里程、作业时间比率、运送零部件数量等。

通过这些详细的统计数据，Witness提供了动态统计图标的方式显示在仿真实验过程中，哪个或哪些资源要素可能是瓶颈。在获得了疑似瓶颈之后，通过优化模块的智能优化方法，自动搜索出对各种疑似瓶颈的改善方案以及评估出每种改善方案的效果，最终确定出可行的改善方案。在确定改善方案之后，可以将改善方案导入模型中，再运行模型以便对改善方案的实施效果进行评价，从而实现对生产系统的逐步优化。

第 8 章 Witness 建模与仿真基础知识

8.1 Witness 基本操作

以 Witness 2003 为例，当正常启动 Witness 系统后，首先进入的是 Witness 系统的主屏幕界面，如图 8.1 所示。

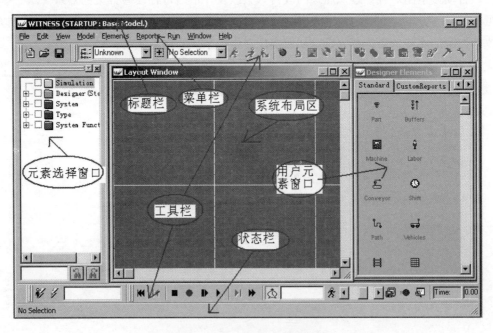

图 8.1 Witness 2003 系统界面

从图 8.1 可以看出，除了主界面中的标题栏、菜单栏、工具栏、状态栏等可视化界面外，还有元素选择窗口、用户元素窗口以及系统布局区，下面对这些元素功能加以介绍。

1. 标题栏

标题栏中 StartupStudent 是当前模型的文件名（StartupStudent.mod）；Base Model 是模型名称，支持中文。修改标题。

修改标题步骤：执行 Model→Title 命令，弹出"模型标题"对话框，如图 8.2 所示。

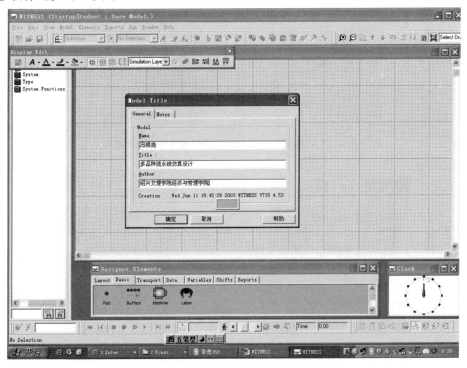

图 8.2 "模型标题"对话框

2. 菜单栏

菜单栏包含 File、Edit、View、Model、Element、Reports、Run、Window、Help 共九个菜单选项，如图 8.3 所示。

图 8.3 Witness 菜单栏

以下图 8.4 至图 8.11 是对各个菜单的简单说明。

图 8.4 File 菜单

图 8.5 Edit 菜单

图 8.6 View 菜单

图 8.7 Model 菜单

图 8.8 Element 菜单

图 8.9 Reports 菜单

第8章 Witness建模与仿真基础知识

图8.10 Run 菜单

图8.11 Window 菜单

3. 工具栏

Witness 提供了不同环境下常用的八种工具栏。它们是：Standard、Model、Element、View、Run、Reporting、Display Edit、Assistant。激活工具栏执行 View→Toolbars 命令。

4. 状态栏

状态栏位于屏幕的最底部，用于显示某一时刻的工作状态或者鼠标光标位置的工具栏按钮的作用。

5. 元素选择窗口

在元素选择窗口中，有五项内容：Simaulation、Designer、System、Type、System Function。其中，Simulation 中将显示当前建立的模型中的所有元素列表；Designer 中显示当前 Designer Elements 中的所有元素列表；System 中显示系统默认的特殊地点，如 World、Ship 等；Type 中显示 Witness 系统中可以定义的所有元素类型；System Function 中显示 Witness 系统中可以定义的所有函数类型。建议同学们逐一点击查看，如图 8.12 所示。

单击工具栏中的 E 可激活该窗口。

6. 用户元素窗口

系统提供的默认用户元素窗口中提供了各种元素的可视化

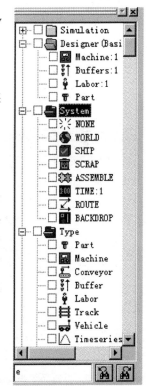

图8.12 元素选择窗口

效果的定义，不过在建模过程中，当这些默认设置不能很好表示实际系统时，用户可以在该窗口定义自己的相关元素的名称、可视效果等。保存以便日后使用。定义方法可以鼠标右击页框标题，将出现弹出式菜单，其中具有"Add new designer group""Rename designer group"等菜单项，见图 8.13。

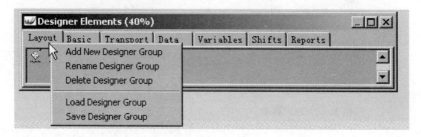

图 8.13　在用户元素窗口中增加元素组

向页框中添加自定义元素的步骤一般分为 Define、Display、Detail 三步进行。自定义元素设定完毕后，需要保存成 *.des 文件，执行 File→Save as 命令，然后选定文件类型为 Designer Element Files，输入文件名即可。

7. 系统布局窗口

系统布局窗口又叫系统布局区，在布局窗口中，设置实际系统构成元素的可视化效果以及它们的二维相对位置，可以清楚地显示实际系统的平面布局图。Witness 一共提供了八个窗口，可以通过这些窗口，使得仿真项目以不同角度显示可视化效果。

对系统布局窗口的设置主要有三项内容：添加元素、设置窗口名称以及窗口背景颜色。添加元素的方法是：在用户元素窗口中，选定要添加的元素，然后点击系统布局窗口内欲添加位置即可。修改窗口的名称和背景，通过选择菜单项 Window/Control 来完成，如图 8.14 所示。

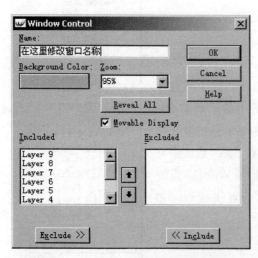

图 8.14　修改系统布局窗口名称和背景

8.2 Witness 建模元素

8.2.1 建模元素概述

现实的商务或事物系统总是一系列相互关联的部分组成的，比如制造系统中的原材料、机器设备、仓库、运输工具、人员、加工路线或运输路线等，服务系统中的顾客、服务台、服务路线等。Witness 软件使用与现实系统相同的事物组成相应的模型，通过运行一定的时间来模拟系统的绩效。模型中的每个部分被称之为"元素(Element)"。该仿真软件主要通过如下五类元素来构建现实系统的仿真模型：离散型元素、连续性元素、运输逻辑型元素、逻辑元素、图形元素。

（1）离散型元素：离散型元素是为了表示所要研究的现实系统中可以看得见的、可以计量个数的物体，一般用来构建制造系统和服务系统等。主要包括：零部件(Part)、机器(Machine)、输送链(Conveyor)、缓冲区(Buffer)、车辆(Vehicle)、轨道(Track)、劳动者(Labor)、路径(Path)、模块(Module)。

（2）连续型元素：同离散型元素相对应，这类元素用来表示加工或服务对象是流体的系统，如化工、饮料等。主要包括：流体(Fluid)、管道(Pipe)、处理器(Processor)、容器(Tank)。

（3）运输逻辑型元素：用来构建物料运输系统。主要包括：运输网(Network)、单件运输小车(Carries)、路线集(Section)、车辆站点(Station)。

（4）逻辑型元素：用来处理数据、定制报表、建立复杂逻辑结构的元素，通过这些元素可以提高模型的质量和实现对具有复杂结构的系统模型建模。主要包括：属性(Attribute)、变量(Variable)、分布(Distribution)、函数(Function)、文件(File)、零部件文件(Part file)、班次(Shift)。

（5）图形元素：图形元素可以将模型运行绩效指标在仿真窗口形象地表现出来，包括：时间序列图(Timeseries)、饼状图(Pie Chart)、直方图(Histogram)。

8.2.2 建模元素介绍

下面重点介绍几种常用的离散型元素。

1. 零部件

零部件(Part)是一种最基本的离散性元素，它可以代表在其他离散性元素间移动的任何事物。如一种等待加工处理的产品或零件、一个全程处理的项目、一个等待服务的顾客等。

在模型中，零部件的使用方法有很多种。可以单独使用零部件，可以将多个零部件组装成一个零部件，也可以将一个零部件分成许多零部件。零部件可以被同批处理，可在同一时间被批量或单个创建，在模型的处理过程中还可以转变为另一些零部件。

零部件进入模型主要有两种方式。第一种方式是被动式的，只要有需要，零部件可以无限量进入模型。如在生产性企业中，一些零部件堆放在仓库中，当生产需要时，可以随时把它取出来供应生产。第二种方式是主动式的，零部件可以间隔固定的一段时间(例如，每隔5分钟)进入模型；可以按照一定的随机分布进入模型，如顾客到达商店的时间间隔服从均匀分布；也可以以不规则的特殊的时间间隔(例如，10分钟、20分钟、30分钟)到达模型中；还可以以重复的不规则的方式进入模型，例如，一个餐馆，有50位"顾客"(零部件)在上午8点到达，10位顾客在上午8：01至11：59到达，50位在中午12点到达，50位在12点半到达等等，每星期都如此。在该方式中，我们可以对零部件达到模型的时间、时间间隔、到达最大数量等选项进行设置。

2. 机器

机器(Machine)是获取、处理零部件并将其送往目的地的离散元素。不同的机器代表不同类型的处理过程。一台机器可建立不同的模型，它可以代表有装载、旋转、卸载、空闲和保养这五个状态的一台车床，也可以代表有空闲、工作、关闭三个状态的一个机场登记服务台(将旅客与他们的行李分开，并发放登机卡)，还可以代表有焊接、空闲和保养三个状态的一个机器人焊接工等。

Witness 提供了七类机器来建立不同类型处理过程的模型：①单处理机(Single)。单处理机只能一次处理一个部件，单输入单输出。②批处理机(Batch)。批处理机一次能处理多个部件，n个部件输入n个部件输出。③装配机(Assembly)。装配机可将输入的多个零部件组装成一个组件输出，n个部件输入1个部件输出。④生产机(Production)。一个原部件输入到生产机中能输出许多部件。1个部件输入n个部件输出。如单片钢板的切割，会得到一些成品和边角料。我们要注意的是，生产机不仅输出原部件，而且输出带有规定生产数目的部件，就如相片的加洗，在复制的最后，我们得到了需要数目的复制品再加上原件。⑤通用机(General)。在通用机器中输入一批部件，输出的是相同数目或不同数目的一批部件，这个处理过程可能存在单个循环或多重循环。⑥多周期处理机(Multiple

Cycle)。多周期处理机是一台特殊的通用机器,它模拟机器实行的是经过许多独立的处理周期来完成一次操作。可以为每个周期指定不同的输入、加工时间、输出数量。⑦多工作站机(Multiple Station)。一台多工作站机工作起来就像许多台联结在一起的机器。它有多个不同的部件加工位置,每个部件将依次通过每一个工作站,完成一系列的工序。

3. 输送链

输送链(Conveyor)是一种可以实现带传送和滚轴传送的离散性元素。如机场里运送行李的传送带,将卡车车体沿生产线移动的传送装置,将空纸盒送往包装操作的滚轴传送装置等等都可以称为输送链。

Witness 提供了两种输送链:

(1) 固定式(Fixed):这是一种保持部件间距不变的输送链。假如该输送链停了,它上面的部件间的距离仍保持不变。

(2) 队列式(Queuing):这种输送链允许部件的累积。假如该输送链上的部件被阻塞,部件仍不断的滑向一起,直到这个输送链被塞满。

输送链通常把部件从一个固定点移到另一个固定点。部件从输送链后段进入,并向前移动。我们能确定部件在输送链上的特定位置,并可以将部件装载或卸载到特定的位置。不管是固定式输送链还是队列式输送链都可能发生故障,需要工人来修理。在设计输送链时,我们可以对它的长度、最大容量、部件移动每单位长度所需的时间等项进行设定。

4. 缓冲区

缓冲区(Buffer)是存放部件的离散元素。例如存放即将循环焊接的电路板,即将用于旅行的真空包装食品的储藏区,位于加工区的盛放产品部件的漏斗形容器等物体都称为缓冲区。

缓冲区是一种被动型元素,既不能像机器元素一样主动获取部件,也不能主动将自身存放的部件运送给其他元素;它的部件存取依靠系统中其他元素主动的推或拉。我们可利用缓冲区规则,使用另一个元素把部件送进缓冲区或者从缓冲区中取出来。部件在缓冲区内还按一定的顺序整齐排列(例如,先进先出,后进先出)。

我们可以将缓冲直接与机器相结合,在一台机器中,设置一个输入缓冲和一个输出缓冲,这种缓冲区我们把它称之为专用缓冲区。专用缓冲区不是一种独立的元素,我们可以在设置机器元素的输入和输出规则时,设置它的输入缓冲和输出缓冲。

5. 车辆

车辆(Vehicle)是一种离散元素,如,卡车、起重机、铲车,我们用它来建立的装置模型可以将一个或多个部件从一个地点运载到另一个地点。

车辆沿着轨道运动。虽然车辆实际上自身在移动，但却是轨道定义了物理布置图，并包含了使系统运行所需的逻辑理论。

在Witness里建立运输系统应按照如下两个步骤：

（1）设计轨道布置图和运载路线。这需要创建所需的轨道和车辆，并且详细说明车辆在轨道之间移动所需的细节。在这一步不要考虑部件怎样装上车辆或怎样从上面卸载下来。只有将第一步设计好了，我们才可以进入下一步的工作。

（2）详细说明我们所定义的车辆怎样来满足运输的需要。它有两种方式，可能是被动式的，也可能是主动式的。

6. 轨道

轨道（Track）是一种代表车辆运输部件时所遵循的路径的离散元素。它们也定义了车辆装载，卸载或停靠的地点。车辆所走的路径是由一系列轨道组成的。每条轨道都是单向的；假如你需要一条双向的轨道，只需定义两条沿相同线路但方向相反的轨道就可以了。车辆在"尾部"（Rear）进入轨道并向"前部"（Front）运动。一旦到达前部，该车辆可以进行装载，卸载或其他的操作。然后它将移动到下一条路线的尾部并开始向那条路线的前面运动。

根据一个车辆的类型来规定它的路径是可行的，所用方法与根据部件类型来规定它们在元素间的路径一样。在仿真运行的开始，所有的车辆沿一条特定轨道进入；这与部件的初次进入类似。

7. 劳动者

劳动者（Labor）是代表资源（例如，工具或操作工人）的离散元素，它一般负责对其他元素进行处理、装配、修理或清洁。如从事精密工作的机器人、一台选矿机或一个固定装置都是劳动者。通过对特定的劳动者的属性设置来建立同一劳动单位在不同技术水平下的模型。我们可以对各种类型的劳动者设置不同的班次，可以在模型中加入班次的构成，并且用不同的工作方式，休息和加班时期来进行试验。假如另外一个元素要完成更重要的任务，我们可以从元素中撤离劳动者到该元素中去。这就是劳动者使用的优先权。

8.3　Witness建模规则

一旦在模型中创建了元素，就必须说明零部件，流体，车辆和单件运输小车在它们之间是怎样流动以及劳动者是怎样分配的，这就要用到建模规则。Witness仿真系统有输入

第8章 Witness建模与仿真基础知识

规则、输出规则和劳动者规则三类不同的建模规则,我们可以利用可视化规则对话框输入简单的规则,并且在模型窗口中显示流动方向,或者可以通过使用规则编辑器输入更复杂的规则。

8.3.1 输入规则

输入规则(Input Rule)控制零部件或者流体进入在系统中的流动过程。例如:一台空闲机器要启动的话,会按照输入规则输入零部件直到有足够的零部件启动它;一台尾部有空间的输送链在每向前移动一个位置时,按照输入规则输入零部件。

可以通过以下几种方法输入零部件或者流体:①具有相同名称的一组元素;②一组元素中的一种特殊的元素(需要指定那种元素的下标);③在模型外的一个特定的位置(WORLD)中得到零部件或流体元素。

设定输入规则的方法主要有两种:

(1) 通过元素细节(Detail)对话框中的"FROM"按钮设定输入规则。首先选中对象,然后双击鼠标,在弹出式 detail 对话框中的 general 页中,单击该按钮就显示出输入规则编辑器。

(2) 使用可视化输入规则按钮设定输入规则。首先选中对象,然后单击 Element 工具栏上的 Visual Input Rules 图标, 将会显示如图 8.15 所示的输入规则对话框,然后进行输入设定。

图 8.15 Input Rule for Machine001 示意图

通过这两种方法设定了元素的输入规则后,都会使得元素 detail 对话框 general 页框中的 FROM 按钮下方,显示出元素当前的输入规则的名称。当创建一个元素的时候,Witness 会自动地给它一个默认的规则——WAIT,表示它不能接收零部件或者流体。为了规定零部件和流体通过模型时的路线,我们必须用一个其他的规则来代替 WAIT 规则。

要注意的是,在设定输入规则之前要先弄清楚零部件,流体,车辆和单件运输小车的在模型中的路径。我们不能把它们弄反了,举例来说,我们不能在元素 A 向元素 B 输入零部件的同时,元素 B 向元素 A 也输入零部件。另外,还可以考虑使用零部件路线

(ROUTE)来控制它们通过模型的路线。

Witness 提供的可以在输入规则使用的命令有：BUFFER、FLOW、LEAST、MATCH、MOST、ERCENT、PULL、RECIPE、SELECT、SEQUENCE、WAIT 等。

8.3.2 输出规则

输出规则(Output Rules)控制着当前元素中的零部件、流体、车辆和单件运输小车输出的目的地和数量等。例如：一台机器在完成对零部件的加工后按照一个输出规则将零部件输出到另一台机器上。要是它出了什么故障不能这样做，那将会出现堵塞向现象；当一个零部件到达一个有输出规则的输送链前方时，输送链将把零部件输出，如果输送装置由于故障不能将零部件输出的话，这里将会出现堵塞(固定输送链)或者排长队(队列式输送链)；车辆到达有输出规则的轨道前方的时候，轨道把车辆输送到另外一个轨道上面，要是轨道输送失败，路线将会变的堵塞；一台有输出规则的处理器完成对流体的处理后，把流体输出；一单件运输小车到达一个有输出规则的路线集的时候，路线集输出它到下一路线集。

可以输出零部件或者流体到：①具有相同名称的一组元素；②一组元素中的一种特殊的元素(指定该元素的下标)；③模型外的一个特定的位置(SHIP，SCRAP，ASSEMBLE，WASTE，CHANGED，ROUTE 或者 NONE)。

设定输出规则的方法主要有两种：

（1）通过元素细节(Detail)对话框中的"TO"按钮设定输出规则。首先选中对象，然后双击鼠标左键，在弹出式 detail 对话框中的 general 页中，点击该按钮就显示出输出规则编辑器。

（2）使用可视化输出规则按钮设定输出规则。首先选中对象，然后单击 Element 工具栏上的 Visual Output Rules 图标，将会显示如图 8.16 的输出规则对话框，然后进行输入设定。

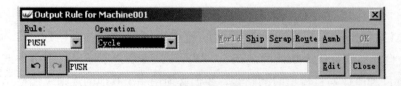

图 8.16 Output Rule for Machine001 示意图

元素 detail 对话框 general 页框中的"TO"按钮的下方，Witness 会显示元素当前的输入规则的名称。当我们创建一个元素的时候，Witness 会自动地给它一个默认的规则——WAIT，表示它没有传送零部件或者流体到其他元素的规则。为了规定零部件和流体通过模型时的路线，我们必须用一个其他的规则来代替 WAIT 规则。

输出规则的注意点跟输入规则相类似，设置输出规则时，同样应先搞清楚零部件，流体，车辆和单件运输小车的流动路线，也可考虑使用零部件路线记录来控制它们通过模型的路线。

Witness 提供的可以在输出规则中使用的命令有：BUFFER、CONNECT、DESTINATION、FLOW、LEAST、MOST、PERCENT、PUSH、RECIPE、SELECT、SEQUENCE、WAIT 等。

8.3.3 劳动者规则

机器、输送链、管道、处理器、容器、路线集和工作台都需要劳动者才能完成任务。劳动者规则可以让我们详细说明实体元素为完成任务所需要的劳动者类型和数量。

通过创建劳动者规则来完成的任务有：①调整机器，并为它设定时间周期或修理它；②修理输送链；③帮助流体通过管道，并且做好清洁、清洗和修理的工作；④帮助处理器处理流体，并且做好填入、清空、清洁和修理工作；⑤帮助流体通过管道，或做修理工作；⑥修理各种类型的工作站，在行为站做好进入、处理、退出动作，在装载(卸载)站做好装载(卸载)工作，在停靠站做好停靠工作；修理路线集。

设定劳动者规则的方法有两种：

(1) 使用元素细节对话框设定劳动者规则。如果一个元素需要劳动者，单击元素细节对话框中的对应按钮。一个细节对话框可能包含几种劳动者规则按钮，例如，一台机器就有装配，循环，修理几种劳动者规则。劳动者规则按钮旁边如果有打"√"标记，则表明我们已经为这项工作建立了劳动者规则；如果有打"×"标记，则表示我们没有为这个工作建立劳动者规则。单击"劳动者规则"按钮后，弹出规则编辑器，在这里我们可以输入劳动者规则。

(2) 使用 Visual Labor Rules 按钮 设定劳动者规则。注意在使用元素的劳动者规则之前，必须建立 Labor 元素。输入劳动者规则最简单的方法是对元素的 Labor 规则编辑框中输入需要的劳动者元素的名称。例如，如果一台机器需要一个操作者处理零部件，只需要输入 OPERATOR 作为劳动者规则即可，当然先要定义一个 Labor 元素，其名称叫 OPERATOR。

我们也可以使用 NONE、MATCH、WAIT 三种劳动者规则，当然有时也可将这三种劳动者规则结合起来使用。这三种规则的具体用法要查阅 Witness 帮助文件。

8.4 Witness 建模函数

8.4.1 Witness 随机分布函数

为了方便用户构建随机仿真模型，Witness 提供了 14 种整型、实数型的标准随机分布函数，它们能返回一系列理论分布的随机样本值。Witness 选择这些分布是因为这些理论分布已经在相当长时间内广泛使用的，而且也是在仿真中被认为是十分有效的。

Witness 不是储存了大量的预先定义的随机数，而是储备了 1 000 个不同的数列或者叫伪随机数流（pseudo-random number stream，PRNS）。我们在使用一个标准分布时，必须输入一个伪随机数流和相关的分布函数。

例如，一台机器组装零部件的时间服从泊松分布，均值为 5 分钟，我们将伪随机数流 PRN1 用到这个分布中，即 POISSON（5，1），则在仿真过程中，系统将使用它储备的 1000 个伪随机流中的第一个数列作为种子数，依次生成服从均值为 5 的泊松分布随机数流。这样通过调用不同的伪随机数流，在同一次仿真过程中机器每次组装零部件的时间是随机的，而在不同的仿真运行中 Witness 产生的组装时间随机数流则是相同的。

由于伪随机流的存在，我们可以改变模型中的一个参数值，保持其他参数不变，重新运行模型，比较仿真运行的结果，从而可以了解该因素对仿真系统的影响。

Witness 提供了如下 14 种标准随机分布函数：

1. BETA（β 分布）；
2. NORMAL（正态分布）；
3. BINOMIAL（二项分布）；
4. POISSON（泊松分布）；
5. ERLANG（爱尔朗分布）；
6. RANDOM 0—1（均匀分布）；
7. GAMMA（γ 分布）；
8. TNORMAL（截断正态分布）；
9. IUNIFORM（整数均匀分布）；
10. TRIANGLE（三角分布）；
11. LOGNORML（对数正态分布）；
12. UNIFORM（均匀分布）；
13. NEGEXP（负指数分布）；
14. WEIBULL（威伯分布）。

下面重点介绍几种常用的、典型的函数，读者可通过 Witness 的帮助文件查阅其他函数的用法。

1. BETA（β 分布）

该函数提供服从 β 分布的随机样本值，返回值为实数。适用于在实际系统的数据有限、数据变化范围大的情况。

语法结构：BETA(shape，scale，prns)

参数：

shape：形状参数，实数；

scale：比例参数，实数；

prns：伪随机数流，整数。

适用情况：产品的次品率；工作完成时间等。

2. NORMAL(正态分布)

该函数提供服从正态分布的样本值，返回值为实数。该函数是应用最为广泛的一种分布，分布曲线关于均值对称，适用于随机变量围绕某一均值波动的随机情况。

语法结构：NORMAL(mean，sd，prns)

参数：

Mean：分布均值，实数；

sd：标准差，实数；

prns：为随机数流，整数。

适用情况：机器加工时间等。

注意：如果标准差的数值越小，则数据对均值的波动性就越小。正态分布可能会产生负的值，所以在用它作为时间间隔的随机变量时，要特别谨慎。

3. BINOMIAL(二项分布)

该函数提供服从二项分布的样本值，返回值为整数。在给定的成功概率和试验次数条件下，该函数返回成功的次数。例如，特定供应商提供的发动机次品率为10%，可以使用二项分布来获得批量为5的发动机中每批的次品数，有时是1个，有时是2个，…

语法结构：BINOMIAL(prob，trials，prns)

参数：

prob：概率，[0，1]之间的实数；

trials：试验次数或批量，整数；

prns：为随机数流，整数。

适用情况：指定尺寸的一批货物中的次品数目；仓库中需要的货物的品种数量。

4. POISSON(泊松分布)

该函数提供服从泊松分布的样本值，返回值为整数。通常情况下，使用该函数来生成给定时间段内顾客或部件的到达数量。

语法结构：POISSON(mean，prns)

参数：

mean：均值，实数；

prns：为随机数流，整数

适用情况：零件到达的随机批量；生产机器的单位时间产出数量。

5. UNIFORM(均匀分布)

该函数提供服从均匀分布的样本值，返回值为实数。用于等概率获得指定范围内的数值。

语法结构：UNIFORM(min，max，prns)

参数：

min：最小值，实数；

max：最大值，实数；

prns：为随机数流，整数。

适用情况：对某一变量的数据了解甚少，并且希望获得特定范围内的实数值时，就采用该函数。

6. NEGEXP(负指数分布)

该函数提供服从负指数分布的样本值，返回值为实数。可以认为它是泊松分布的补充。

语法结构：NEGEXP(mean，prns)

参数：

mean：均值，实数；

prns：为随机数流，整数。

适用情况：相邻事件发生的时间间隔。例如，顾客到达时间间隔，机器故障发生时间间隔。

8.4.2 Witness 常用系统函数

Witness 作为仿真平台，它的一个很重要的特点就是提供了丰富的系统函数。这些系统函数既有与元素有关的，又有与操作数据库有关的，还有大量的数学函数。由于系统函数的存在，使得在 Witness 环境下编写程序极为方便。

(1) 数学函数：常用来处理仿真过程中产生的数据，其中主要有 Abs( )、Amax( )、Amin( )、Max( )、Min( )等。

(2) 转换函数：常用来转换变量类型、求某一字符串的子串、字符串长度及大小写转换等。主要有 Chr( )、Float( )、Str( )、Strstr( )等。

(3) 模型交互对话函数：主要有 Msgdlg( )、Inputdlg( )、Combodlg( )等，运行这些函数会弹出一对话窗口，此时用户可与模型的交互。

(4) 数据库函数：主要用于数据库的打开与关闭、记录指针的移动、数据的添加、删除、更改、处理后信息的反馈等。主要有 DBOpen( )、DBClose( )、DBAdd( )、DBDelete( )等。

(5) Excel 函数：Witness 提供了与 Excel 进行交互的许多函数，其中常用的是 XLReadArray( )函数和 XLWriteArray( )函数。

常用元素函数：Witness 一个重要的特点是提供了大量的元素，并且提供许多元素的函数。由于各元素所涉及的函数不完全一样，下面介绍多个元素具有的常用元素函数的使用方法。其他函数的使用方法读者可通过帮助文件查阅。

1. NQTY( )函数

函数功能：返回模型中特定元素的数量。

函数语法：NQTY(element_name)

返回类型：返回整数型。

参数：element_name 名型，用于指定要统计的元素的名称。

注：与函数 NQTY( )相关的元素有：Attribute、buffer、conveyor、labor、machine、pipe、processor、tank、track 及 vehicle 等。

2. NPARTS( )函数

函数功能：返回模型中特定元素中部件(part)的数量。

函数语法：NPARTS(element_name)

返回类型：返回整数型。

参数：element_name 名型，用于指定要统计部件(part)的元素名称。

注：与函数 NPARTS( )相关的元素有：buffer、conveyor、machine、track、vehicle、stations 及 carrier 等。

除了上述函数外，有时我们还需要根据实际来定义自己的函数，定义函数可通过在 Witness 的布局窗口中单击鼠标右键，单击"define…"，通过弹出的窗口来定义自己的函数。

8.5　Witness 程序结构

Witness 程序设计有三种基本结构，分别是：顺序结构、分支结构和循环结构。每种结构确定了 Witness 执行命令的序列。

8.5.1　顺序结构

顺序结构是在程序执行时，根据程序中语句的书写顺序依次执行的命令序列。Witness 软件中的大多数命令都可以作为顺序结构中的语句。

8.5.2　分支结构

分支结构是在程序执行时，根据不同的条件，选择执行不同的程序语句，用来解决有选择、有转移的诸多问题。

分支结构有单向分支和多向分支语法结构，分别如下：

（1）单向分支结构，也叫简单分支结构。

```
IF <条件表达式>
   <命令行序列>
ENDIF
```

该语句首先计算<条件表达式>的值，当<条件表达式>的值为真（T）时，执行<命令行序列>；否则，则执行 ENDIF 后面的命令。

（2）多向分支，也叫复杂分支结构。

```
IF <条件表达式 1>
   <命令行序列 1>
ELSE
   <命令行序列 2>
ENDIF
```

该语句首先计算<条件表达式 1>的值，当<条件表达式 1>的值为真时，执行<命令行序列 1>中的命令；否则，执行<命令行序列 2>中的命令；执行完<命令行序列 1>或<命令行序列 2>后将执行 ENDIF 后面的第一条命令。

(3) 使用分支语句应注意的几点：

① IF…ENDIF 必须配对使用。

② <条件表达式>可以是各种表达式或函数的组合，其值必须是逻辑值。

③ <命令行序列>可以由一个或多个命令组成，也可以是条件控制语句组成的嵌套结构。

(4) 示例。

```
IF (water_level >=0) AND (water_level <=5)
   PRINT "The level in the water tank is low"
ELSEIF (water_level >5) AND (water_level <= 10)
   PRINT "The level in the water tank is normal"
ELSE
   PRINT "The level in the water tank is high"
ENDIF
```

这段程序是用来检测容器中的水位的。变量 water_level 记录容器的水位，当水位在[0，5]之间时，在交互窗口（interact box window）中打印出"The level in the water tank is low"语句，提醒水位较低；如果第一个条件不满足，判断第二个条件表达式，看水位是否在[5，10]之间，若表达式为真，在交互窗口中打印出"The level in the water tank is normal"语句，提醒水位正常；当条件二也不满足时，唯一的一种情况就是水位高于10了，此时在交互窗口中打印出"The level in the water tank is high"语句，提醒水位超高了。

8.5.3 循环结构

允许有限次重复执行某一特定的程序。

1. 计数型循环

基本语法如下：

```
FOR<循环变量>=<循环变量初值>TO<循环变量终值> [STEP<循环变量步长>]
   <命令行序列>
NEXT
```

参数说明：

循环变量：一般情况下为整型变量，并且其数量唯一，即不是数组；

循环变量初值、循环变量终值：数值型常量、变量或表达式；

循环变量步长：每次步进的长度，可以为整数，也可以为负数；默认时为1。

语句功能：

该语句用<循环变量>来控制<命令行序列>的执行次数。执行语句时，首先将<循环变量初值>赋给<循环变量>，然后判断<循环变量>是否大于或小于<循环变量终值>，若结果为"真"，则结束循环，执行 ENDFOR 后面的第一条命令；否则，执行<命令行序列>，<循环变量>自动按<循环变量步长>增加或减少，再重新判断<循环变量>当前的值是否大于或小于<循环变量终值>，直到其结果为真。

示例：

```
NUMBER_FOUND=0
FOR BUFFER_INDEX=1 to NPARTS(STORE(1))
  IF STORE(1) at BUFFER_INDEX:color=red
    NUMBER_FOUND=NUMBER_FOUND+1
  ENDIF
NEXT
```

这段程序用来统计缓冲区 store(1)中，颜色为红色的部件的数量。变量 NUMBER_FOUND 用来统计红色部件的数量，开始时被置零；BUFFER_INDEX 是循环变量；NPARTS(STORE(1))函数计算缓冲区 STORE(1)中的部件数量；IF 分支用来判断 STORE(1)中排于第 BUFFER_INDEX 位置的部件的属性 color 是否等于"red"，如果为真，统计变量 NUMBER_FOUND 自动加 1；如果为假，则执行 ENDIF 后面的语句；执行完成一次 IF_ENDIF 语句后，则循环变量自动增加 1，然后判断循环变量是否大于循环变量终值，如果为假，再执行 IF 语句；如果为真，结束循环，执行 NEXT 后面的程序，循环结束。

2. "当"型循环

语法结构：

```
WHILE <条件表达式>
  <命令行序列>
ENDWHILE
```

注意：ENDWHILE 可以缩写为 END。

第 8 章 Witness建模与仿真基础知识

语句功能：

当<条件表达式>为真时，一直执行<命令行序列>，直到<条件表达式>为假时，循环结束。

示例：

```
WHILE NPARTS(STOCK)>90
    PRINT "Warning! The STOCK buffer is nearly full."
ENDWHILE
```

该段程序实现当缓冲区 STOCK 中的部件数量大于 90 时，在交互窗口发出提醒信息"Warning! The STOCK buffer is nearly full."。

3. 使用循环语句时应注意的几点

（1）WHILE 和 ENDWHILE、FOR 和 NEXT 必须分别配对使用。

（2）<命令行序列>可以是任何 Witness 的命令或语句，也可以是循环语句，即可以嵌套为多重循环。

第 9 章　Witness 生产系统仿真实验

9.1　建模与仿真基本步骤

使用 Witness 软件包进行建模与仿真，一般遵循如下步骤。

1. 定义系统元素

可以通过在布置窗口中点鼠标右键，选定快捷菜单中的 Define 菜单项，来定义模型基本元素的名称、类型、数量。

2. 显示系统元素

Witness 软件是一套优秀的可视化建模与仿真工具，它可以将被仿真系统的可视实体以二维或三维的图形显示出来。在仿真运行时，它可以显示原材料、零部件、人员、运输车辆在系统中的运动状况。所以在定义了元素的基础上，要定义元素在各种状态下的现实图形。该步骤可以通过右击要定义显示特征的元素，通过选定弹出式菜单中的 Display 菜单项来进行设定。各种元素的平面布置可以在 Witness 的布置窗口中设定，也可以通过导入被仿真系统设施布置图的"*.dwg"文件来设定。

3. 详细定义

本步骤详细定义模型基本元素工作参数以及各元素之间的逻辑关系，如系统结构、被加工对象在各台机器上的加工时间分布、加工对象的工艺路线以及其他规则等。可以双击鼠标左键，通过弹出 Detail 对话框来设定。

4. 运行

通过试运行和修改模型，重复前三步得到正确的计算机仿真模型之后，对系统进行一定时间范围的运行，并在屏幕上动态显示系统运行的过程，运行方式可以是单步的、连续的和设定时间的。本步骤通过 Witness 提供的"Run"工具栏来完成。

5. 报告

系统运行一段时间后，显示系统中各元素的运行状态统计报告。通过该报告，可以分析系统中可能存在的各种问题；或通过某项指标，来比较可选方案的优缺点。如机器的利用率、产品的通过时间、在制品库存等。该操作通过使用 Reporting 工具栏来实现。

6. 文档

Witness 还提供了文档 Documentor 模块，可以让我们提取计算机模型的各种信息，生成 Word 文档或直接打印出来。报告模块没有包含有关元素的说明型文字、规则、活动等基本信息。

7. 优化

Witness 还提供了系统优化 Optimizer 模块。如果需要了解一个系统的不同配置下的结果，并不需要建立多种配置的计算机模型。我们可以直接使用同一个计算机模型，然后通过 Optimizer 模块来设定每一元素的可变属性值的取值范围，得到一个取值范围集合，并设定目标函数是取最大值还是最小值，进行优化仿真运行，就可以得到最优的或是满意的系统配置。

9.2 建模与仿真实例分析

9.2.1 一台机器、一个输送链情况下的生产系统仿真

下面以例 1 介绍实验步骤。

例 1：某生产线系统中，有一小部件（Widget）经过称重（Weigh）后通过传送带（C1）传送至下一个操作单元。试建仿真模型，求该系统一周的产出量和各设备的利用率。

1. 元素定义

分析：该系统中有三种元素，分别是零部件 Part（Widget），机器 Machine（称重 Weigh），输送链 Conveyor（传送带 C1）。

打开 Witness，建立我们命名的文件名。单击 Designer Elements 窗口的机器 Machine 图标，使其变成可选项，将光标移向系统布局窗口 Window 1 的位置，然后单击左键，在系统布局窗口出现机器（Machine001）图标，同时在元素选择窗口 Element Selector 中的

Simulation 页下出现 Machine001 的图标；当鼠标在 Window 1 中选中 Machine001，鼠标光标成十字形时，可以在屏幕范围内拖动元素到适当的位置，此时保证 Display Edit 工具栏必须打开，同时保证 Window1 的 Window control 中的 Movable Display 选项必须选中。现在 Machine001 是所要建立的模型的一部分了。

单击 Designer Elements 窗口的输送链 Conveyor 图标可在模型中加入输送链。选中图标将光标移到布局窗口再次点击即可创建输送链，然后将其拖到适当的位置。

单击 Designer Elements 窗口的零部件 Part 图标可在模型中加入小零件 Widget。选中图标将光标移到布局窗口再次点击即可创建小零件，然后将其拖到适当的位置。

现在三个仿真元素已经加入模型中，由于 Designer Elements 窗口中的建模元素都设定好了默认的显示(Display)属性，在本例中将不再修改。

2. 元素可视化设计

系统提供了图形库和颜色集，用户可以根据自己的想象选择合适的图形和颜色。用户也可以自己绘制系统中各个对象的图形。本步骤需要分别选定各个对象，然后使各个对象可视化并进行定位。

3. 元素详细设计

此阶段是输入机器加工时间、改变元素的名字，其实建模元素的所有活动都能通过这种方式定义的。对元素进行详细设计的最简单方法是在屏幕中的元素图标上双击(即机器图标和输送链图标)。也可采用其他方法，例如：单击建模元素图标，然后单击标准工具栏的 Detail Elements 图标 。Element Selector 窗口中找到所需建模元素单击鼠标右键，选择弹出菜单中的"detail…"。

(1) 零部件明细信息（Part detail information）。

双击 PART001 得到元素细节设计对话框。

输入新的元素名 Widget 覆盖系统默认的名字。

单击 OK 键确认。

(2) 机器明细信息(Machine detail information)。

双击 Machine001 图标，输入以下信息：

名字 name：Weigh

加工时间 cycle time：5

单击对话框中的 OK 键确认，如图 9.1 所示。

(3) 输送链明细信息(Conveyor detail information)。

双击 Conveyor001 图标输入：

名字：C1

输送带长度：10；(10 倍于零部件尺寸)

链速：0.5(链速＝零部件尺寸/时间单位，即每分钟输送带移动 0.5 个零部件长度)。

单击 OK 键确认。

设计完毕，窗口显示如图 9.2 所示。

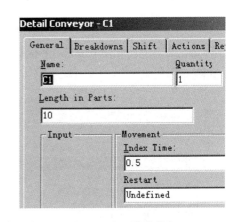

图 9.1　定义称重机器　　　　　图 9.2　定义输送带 C1

4. 建立元素之间的逻辑规则

接下来定义各个元素之间链接的逻辑规则，规则输入可以通过以下两种方法：一是通过工具栏和鼠标，一是通过元素细节对话框。常用规则包含推(输出规则)、拉(输入规则)、百分率和顺序规则；非常用规则通常都是根据匹配的属性和环境而定义的复杂控制规则，例如：采用"if"命令来实现复杂的选择规则。

(1) 机器规则明细(Machine detail rule information)。

① 点击选中 Weigh 图标，然后单击 Element 工具栏中的 Visual Input Rule 图标，出现 Input Rule for Weigh 对话框。

② 规则文本框的默认值为 pull。在规则文本框中输入"PULL Widget out of WORLD"，定义了机器(Weight)加工完成一个 Widget 之后，从本系统模型的外部 WORLD 处拉进一个 Widget 进行加工。规则定义过程如图 9.3 所示。

③ 单击 OK 键确认。

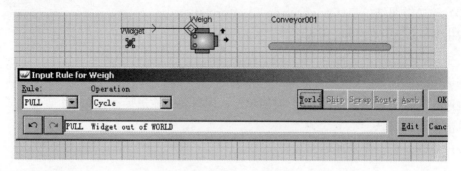

图 9.3　称重机器 input 规则定义

④ 单击 Visual Output Rule 图标，单击 C1 图标，单击 OK 键确认，设置好输出规则。如图 9.4 所示。

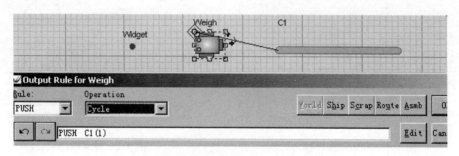

图 9.4　称重机器 output 规则定义

（2）输送带规则明细(Conveyor detail rule information)。

① 点击输送带 C1 的图标以选中 C1。

② 单击 Element 工具栏中的 Visual Output Rule 图标。

③ 单击 Output Rule for C1 对话框中的 SHIP 按钮，为输送链 C1 创建输出规则 PUSH SHIP，将 Widget 发运出去，即输送带将 Widget 送出本系统。

④ 单击 Rules Action Bar 菜单条中的 OK 按钮确认。

至此，设计任务完成，模型布局图如图 9.5 所示。

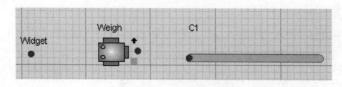

图 9.5　模型布局图

5. 运行模型

运行工具栏中按钮及其作用如图 9.6 下方的控制条所示。

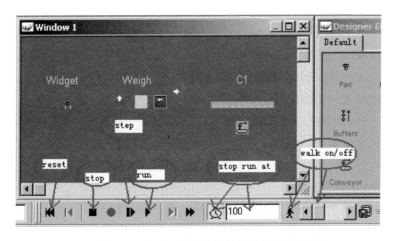

图 9.6　运行工具栏中按钮及其作用示意图

运行工具栏中的第一个按钮 reset 进行仿真的复位操作，点击该按钮，系统仿真时钟和逻辑型元素（变量、属性、函数）的值将置零；step 按钮控制模型以步进的方式运行，同时在 interact box 窗口中显示仿真时刻所发生的事件，便于理解和调试模型；run 按钮控制模型的连续运行，如果没有设定运行时间，模型将一直运行下去，直到按 stop 按钮，如果设定了运行时间，模型连续运行到终止时刻；stop run at 包括一个按钮和一个输入框，用来设定仿真运行时间，按钮决定仿真是否受输入框中的输入时间点控制，如果接受输入框中时间控制，就在输入框中输入时间点；walk on/off 包括一个按钮和一个滑动条，用来设定仿真连续运行时，仿真运行的速度。

本例中，在运行工具栏 run toolbar 中按下 stop run at 按钮，在输入框中输入模型运行终止时间 100，然后单击 run 按钮开始运行模型（图 9.7）。

图 9.7　模型运行 100mins 示意图

Witness 内置安全系统，在运行模型时，如果缺少重要数据，将弹出提示和数据输入对话框，从而保护模型。如果没有输入输送带的移动速度 index time（即输送带将小零件向前移动一个零件的长度所需要的时间），当仿真开始运行时，会出现提示信息要求输入移动速度。

本例中输入的是：

Index time：0.5

单击 OK 确认。

6. 结果预测分析

已知输送带长度等于在输送带上的 10 个零部件长度，也就是输送带可以连续排列 10 个零部件，所以每个零件在输送链上经历的时间为 0.5×10mins＝5mins。

在整个过程中处理一个零件需 10 分钟：

10mins＝5mins 称重时间(＝weigh 加工时间)＋5mins(在 C1 上的时间)

站在系统之外角度来看，每隔 5 分钟，有一个"半成品"输出系统。这样可以推算，如果模型运行 100 分钟，将会有 19 个 Widget 加工完成。

模型运行 100mins，检查 widget 的记录与预测结果是否一致。

至此，已经建立包含一台机器和一条输送带的仿真系统模型。

9.2.2 多台机器、多个输送链确定情况下的生产系统仿真

下面以例 2 介绍实验步骤：

例 2：某生产线系统中，有一小部件(widget)要经过称重、冲洗、加工和检测等操作，执行完每一步操作后小部件通过传送带(conveyer)传送至下一个操作单元。小部件在经过最后一道工序"检测"以后，离开系统。试建仿真模型，求该系统一周的产出量和各设备的利用率。

分析：本系统的流程图如图 9.8 所示。

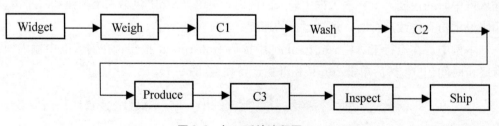

图 9.8 加工系统流程图

模型元素说明：Widget 为加工的小部件名称；Weigh、Wash、Produce、Inspect 为四种加工机器，每种机器只有一台；C1、C2、C3 为三条输送链；Ship 是系统提供的特殊区域，表示本仿真系统之外(即离开不系统，仿真结束)。由此，本例需要元素有：四个

Machine 分别是称重（Weigh），清洗（Wash）、加工（Produce）和检测（Inspect），三个输送带为 C1、C2、C3，同时添加一个逻辑变量 output，用于动态显示模型中加工完成的小零件数量。

下面介绍建立该模型的基本步骤。

1. 元素定义

通过 define 菜单，根据下表 9-1 所示，分别定义各个元素名称、类型、数量。

表 9-1 元素名称、类型、数量信息表

名称	Widget	Weigh	Wash	Produce	Inspect	C1	C2	C3
类型	Part	Machine	Machine	Machine	Machine	Conveyor	Conveyor	Conveyor
数量	1	1	1	1	1	1	1	1

注：也可在上例基础上，添加新的模型元素进行仿真。

2. 可视化设计（略）

3. 元素详细定义

按照下表 9-2 所示，分别在 detail 对话框中定义每个元素的参数。

表 9-2 各机器加工周期、进入规则和送出规则表

项目	Weigh	Wash	Produce	Inspect
加工周期	5	4	3	3
进入规则	PULL Widget out of WORLD	PULL from C1	PULL from C2	PULL from C3
送出规则	PUSH to C1	PUSH to C2	PUSH to C3	PUSH to SHIP

以上操作过程可分两个阶段设计：

第一阶段，元素定义及细节设计

(1) 在 designer elements 窗口点击 machine 项，建一台机器。双击机器图标，输入：

① 名字 name：Weigh

② 加工时间 cycle time：5

(2) 在 Weigh 后加入一条输送链。双击其图标，输入：

① 名字 name：C1

② 加工时间 cycle time：0.5

(3) 在 C1 末尾加入另一台机器。双击其图标,输入:

① 名字 name:Wash

② 加工时间 cycle time:4

(4) 在 Wash 后加入另一条输送链。双击其图标,输入:

① 名字 name:C2

② 加工时间 index time:0.5

(5) 在 C2 末尾加入另一台机器。双击其图标,输入:

① 名字 name:Produce

② 加工时间 cycle time:3

(6) 在 Produce 后加入另一条输送链。双击其图标,输入:

① 名字 name:C3

② 加工时间 index time:0.5

(7) 在 C3 末尾加入最后一台机器。双击其图标,输入:

① 名字 name:Inspect

② 加工时间 cycle time:3

(8) 在 Designer elements 窗口点击 Vinteger(整数变量)图标,创建一个变量用来记录和显示 Inspect 机器的产量。

① 双击变量图标将名字改为 Output,点击 OK 确定。

② 变量 output 用来计算从最后一台机器 Inspect 中输出的零件 Widgets 的产量,将计数结果显示在屏幕上。可以通过设计 Inspect 机器的 detail 来实现,具体步骤如下:

a. 选中 Inspect 机器,双击其图标;

b. 点击细节对话框中 actions on finish 按钮;

c. 在规则编辑框中输入语句:output=output + 1;

d. 单击 OK 确认。

第二阶段,建立元素之间的逻辑规则:

① 首先单击 Weigh,点击 visual input rule 图标,在规则文本框中输入 "PULL Widget out of WORLD";单击 visual output rule 按钮创建规则:push C1;

② 其次是 Wash:利用 visual input rule 按钮创建规则:pull C1;利用 visual output rule 按钮创建规则:push C2;

③ 再次是 Produce:利用 visual input rule 按钮创建规则:pull C2;利用 visual output rule 按钮创建规则:push C3;

④ 最后是 Inspect：利用 visual input rule ![btn] 按钮创建规则：pull C3；利用 visual output rule ![btn] 按钮创建规则：push ship。

至此，模型设计基本完成。图 9.9 为模型布局图。

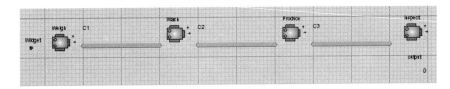

图 9.9　模型布局图

图 9.10 是经过调整的模型布局图。调整主要是旋转输送带 C2，和改变 C3 的传送方向。具体方法是：

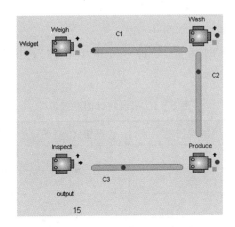

图 9.10　整后的模型布局图

① 单击选中 C2，按住 Ctrl 键，同时用鼠标放在 C2 一端，当鼠标变成 ↔ 后，点击并旋转即可。

② 选中 C3，单击工具栏中 ![icon] 图标，即弹出 Display Conveyor -C3 工具条，点选上面的下拉菜单，结果如图 9.11 所示。然后，单击 ![icon]，即弹出 Display Path -C3 对话框，单击 Reverse，即可改变 C3 的传送方向(图 9.12)。

图 9.11　Display Conveyor 工具条

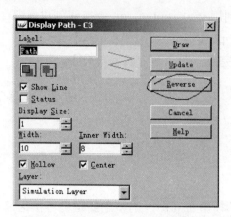

图 9.12 Display Path-C3 对话框

4. 仿真运行

运行一周(5 天×8 小时×60 分钟＝2 400 分钟)，得到统计结果，见表 9-3 和表 9-4。

表 9-3 机器统计信息报表

机器名	空闲率(%)	繁忙率(%)	已完成零件数
Weigh	0	100	480
Wash	20.33	79.67	478
Produce	40.46	59.54	476
Inspect	40.62	59.38	475

表 9-4 零部件统计信息表

进入数量	送出数量	在制品库存	平均 WIP	平均通过时间
481	475	6	5.92	29.54

5. 仿真结果分析

通过仿真运行结果可以看出，称重机器满负荷运转，它是本系统的瓶颈。小部件的产出量为 475 个，平均通过时间为 29.54 分钟，由于实际被加工时间是：5＋4＋3＋3＝15 分钟，所以它的输送与排队时间占了较大的比率($\frac{15}{29.54}\%=50\%$)，说明生产系统无效时间较多,效率不高。

本章通过实例介绍了运用 Witness 进行生产物流系统建模与仿真的基本思路与实验步骤。事实上,也可以在此仿真结果的基础上,再加入更多的功能元素(如机器故障、劳动者变化、设备调整等)使模型更符合实际,还可以练习通过调整模型的运行方式和参数,研究如何增加产量和更有效地利用资源。

实 验 练 习

实验练习一 Witness 仿真软件认知实验

1. 实验目的

熟悉 Witness 的安装与启动;熟悉 Witness 2003 用户界面;熟悉 Witness 建模元素;熟悉 Witness 建模与仿真过程。

2. 实验设备与仪器

(1) 微机。

(2) Witness 仿真软件。

3. 实验计划与安排

计划学时 4 学时。

4. 实验任务与步骤

(1) 了解 Witness 软件的硬件和软件必备环境。

(2) 启动 Witness 软件。

(3) 熟悉标题栏、菜单栏、工具栏、元素选择窗口、状态栏、用户元素窗口以及系统布局区。

(4) 学习建模元素:离散型元素、连续型元素、运输逻辑型元素、逻辑元素和图形元素。

(5) 学习建模与仿真过程。

5. 实验报告要求

(1) 写出 Witness 系统界面的各个构成、系统布局区的组成以及每一部分的功能。

(2) 分析 Witness 完成仿真模型所必需的五类元素。

(3) 仿真过程应用举例。

实验练习二　确定条件下的生产系统仿真实验

1. 实验目的

(1) 掌握 Witness 仿真软件的基本功能。
(2) 熟悉生产系统中的流程设计规律。

2. 主要仪器设备

(1) 计算机。
(2) Witness 仿真软件。

3. 实验计划与安排

计划学时　4 学时。

4. 实验任务与步骤

(1) 打开计算机进入 Witness 仿真系统。
(2) 先建立一个包含机器和传送装置的简单模型；在模型中可设为某零件(P)要经过铸造、加工、装配和检测(Inspect)四个工序的操作。
(3) 设置所建立模型的属性及相应的参数，并进行模拟运行。
(4) 记录相应的运行参数。
(5) 改变模型的参数(或增加模型的部件)再运行，并记录相应的参数。

5. 实验报告要求

(1) 撰写实验报告。实验报告内容应包括：实验目的与内容，实验步骤，实验结果分析，实验中存在的问题等。
(2) 提交电子版设计结果。

实验练习三　随机情况下的生产系统仿真实验

1. 实验目的

(1) 重点掌握 Witness 仿真软件的参数设计技巧。
(2) 熟悉随机情况的生产方式的特点。
(3) 了解随机因素对生产系统的影响规律。

2. 主要仪器设备

（1）计算机。

（2）Witness 仿真软件。

3. 实验计划与安排

计划学时　4 学时。

4. 实验任务

某公司有一条生产线加工一种零件，需要四道工序，分别为：称重工序，时间为服从均值为 5 分钟的负指数分布；清洗工序，时间服从均值为 4.5 分钟的负指数分布；加工工序，时间服从均值为 4 分钟的负指数分布；检测工序，时间服从均值为 3 分钟的负指数分布。每道工序的每台机器上每次只能加工一个零件，工序之间零件依靠输送链运输，零件通过每条输送链的时间为 10 分钟。其中加工工序的机器每运行 50 分钟，就需要一个工人来进行一次检修，检修时间长短服从均值为 10 分钟的负指数分布；同时该工序每加工完 10 件产品，就需要调整一次刀具，调整刀具同样需要一名工人工作，调整刀具时间长短服从均值为 8 分钟的负指数分布。假设零件数量足够多，建立该系统的仿真模型，模拟在一天时间，并解决下列问题：

（1）获取每台机器的利用率、输送链的物流量、生产线的产量。

（2）对上述数据进行分析，发现生产或物流运输瓶颈，提出改善方案(注：可以采取添加机器、工人、输送链等方法)；然后根据改善方案，对原模型进行修改，仿真运行同样的时间长度，获得统计数据。

（3）比较分析原系统和改善后的系统运行结果。

5. 实验报告的要求

（1）撰写实验报告。实验报告内容应包括：实验目的与内容，实验步骤，实验结果分析，实验中存在的问题等。

（2）提交电子版设计结果。

实验练习四　多品种少批量生产系统仿真实验

1. 实验目的

（1）掌握 Witness 仿真软件的基本功能。

(2) 熟悉多品种少批量生产方式的特点。

(3) 了解影响多品种少批量生产方式生产效率的因素及其优缺点。

2. 主要仪器设备

计算机、Witness 仿真软件。

3. 实验计划与安排

计划学时　4 学时。

4. 实验任务与步骤

(1) 打开计算机，进入 Witness 仿真系统。

(2) 建立一个由 5 组机器组成的制造车间，利用该车间来加工 3 种产品。每种产品所要完成的工序及相应工序平均服务时间见表 9-5。

表 9-5　产品加工工艺路线与各工序加工时间参数

产品类型	机器组别	相应工序平均服务时间/MIN
1	3，1，2，5	30，36，51，30
2	4，1，3	66，48，45
3	2，5，1，4，3	72，15，42，54，60

(3) 设置模型中各元素的属性及参数。

(4) 运行模型，并记录相应的结果。

(5) 对机器组 1、2、4 再各添加一台机器，再运行改善后的模型，并记录相应的参数。

5. 实验报告的要求

(1) 撰写实验报告。实验报告内容应包括：实验目的与内容，实验步骤，实验结果分析，实验中存在的问题等。

(2) 提交电子版设计结果。

第3篇 基于 Project 的项目管理实验

第 10 章 项目管理概述

10.1 项目和项目管理

项目是指一系列独特的、复杂的、相互关联的活动,这些活动有着一个明确的目标或目的,必须在特定的时间、预算、资源限定内,依据规范完成。项目通常被认为是一次性的工作,但是事实上,很多项目在某些方面都是可以重复的,或者其经验又可以被类似背景的其他项目或产品所借鉴。一个项目的结果可能与另一个项目的产出相同。建造一幢大楼、生产定制化的产品或小批量产品的企业,如超级计算机、火车机车或线形加速器的企业,其每次的产出都可以视为一个项目。

项目管理,简称(PM)就是项目的管理者,在有限的资源约束下,运用系统的观点、方法和理论,对项目涉及的全部工作进行有效的管理。即从项目的投资决策开始到项目结束的全过程进行计划、组织、指挥、协调、控制和评价,以实现项目的目标。项目管理一般由多个部分组成,工作跨越多个组织,需要运用多种学科的知识来解决问题;项目工作通常没有或很少有以往的经验可以借鉴,执行中有许多未知因素,每个因素又常常带有不确定性;还需要将具有不同经历、来自不同组织的人员有机地组织在一个临时性的组织内,在技术性能、成本、进度等较为严格的约束条件下实现项目目标等等。这些因素都决定了项目管理是一项很复杂的工作,而且复杂性与一般的生产管理有很大不同。

10.2 项目管理的范围与内容

10.2.1 项目管理的范围

是在不超出预算的情况下,在时间、成本、质量、风险、合同、采购、人力资源等各个方面对项目进行全方位的管理,并实现更高的运营效率。

(1) 项目范围管理。是为了实现项目的目标,对项目的工作内容进行控制的管理过程。它包括范围的界定、范围的规划、范围的调整等。

(2) 项目时间管理。是为了确保项目最终得以按时完成的一系列管理过程。它包括具体活动界定、活动排序、时间估计、进度安排及时间控制等项工作。很多人把 GTD 时间管理引入其中,大幅提高工作效率。

(3) 项目成本管理。是为了保证完成项目的实际成本、费用不超过预算成本、费用的管理过程。它包括资源的配置、成本、费用的预算以及费用的控制等项工作。

(4) 项目质量管理。是为了确保项目达到客户所规定的质量要求所实施的一系列管理过程。它包括质量规划,质量控制和质量保证等。

(5) 人力资源管理。是为了保证所有项目关系人的能力和积极性都得到最有效地发挥和利用所做的一系列管理措施。它包括组织的规划、人员的选聘和项目的班子建设等一系列工作。

(6) 项目沟通管理。是为了确保项目信息的合理收集和传输所需要实施的一系列措施,它包括沟通规划、信息传输和进度报告等。

(7) 项目风险管理。涉及项目可能遇到各种不确定因素。它包括风险识别、风险量化、制订对策和风险控制等。

(8) 项目采购管理。是为了从项目实施组织之外获得所需资源或服务所采取的一系列管理措施。它包括采购计划、采购与征购、资源的选择以及合同的管理等项工作。

(9) 项目集成管理。是指为确保项目各项工作能够有机地协调和配合所展开的综合性和全局性的项目管理工作和过程。它包括项目集成计划的制定、项目集成计划的实施、项目变动的总体控制等。

10.2.2 项目管理工作的内容

(1) 对项目进行前期调查、收集整理相关资料,制定初步的项目可行性研究报告,为决策层提供建议。协同配合制定和申报立项报告材料。

（2）对项目进行分析和需求策划。

（3）对项目的组成部分或模块进行完整系统设计。

（4）制订项目目标及项目计划、项目进度表。

（5）制订项目执行和控制的基本计划。

（6）建立项目管理的信息系统。

（7）项目进程控制，配合上级管理层对项目进行良好的控制。

（8）跟踪和分析成本。

（9）记录并向上级管理层传达项目信息。

（10）管理项目中的问题、风险和变化。

（11）项目团队建设。

（12）各部门、各项目组之间的协调并组织项目培训工作。

（13）项目及项目经理考核。

（14）理解并贯彻公司长期和短期的方针与政策，用以指导公司所有项目的开展。

第 11 章 Project 项目管理软件介绍

11.1 Project 简介

Microsoft Project(或 MSP)是一个国际上享有盛誉的通用的项目管理工具软件,是微软 Office 办公软件的组件之一,它集成了国际上许多现代的、成熟的管理理念和管理方法,能够帮助项目经理们高效准确地定义和管理各类项目。

11.1.1 Project 的作用

根据美国项目管理协会的定义,项目的管理过程被划分成五个阶段(过程组)。这些过程组是相互联系的:一个过程组的输出可能是另外一个过程组的输入,并且这些过程有可能是连续的。微软的 Project 软件能够在如下五个阶段中分别发挥重要的作用。

1. 建议阶段

(1) 确立项目需求和目标。
(2) 定义项目的基本信息,包括工期和预算。
(3) 预约人力资源和材料资源。
(4) 检查项目的全景,获得干系人的批准。

2. 启动和计划阶段

(1) 确定项目的里程碑、可交付物、任务、范围。
(2) 开发和调整项目进度计划。
(3) 确定技能、设备、材料的需求。

3. 实施阶段

(1) 将资源分配到项目的各项任务中。
(2) 保存比较基准,跟踪任务的进度。
(3) 调整计划以适应工期和预算的变更。

4．控制阶段

（1）分析项目信息。

（2）沟通和报告。

（3）生成报告，展示项目进展、成本和资源的利用状况。

5．收尾阶段

（1）总结经验教训。

（2）创建项目模板。

（3）整理与归档项目文件。

总之，使用 Project 软件，我们不仅可以创建项目、定义分层任务，使项目管理者从大量烦琐的计算绘图中解脱出来，而且还可以设置企业资源和项目成本等基础信息，轻松实现资源的调度和任务的分配。在项目实施阶段，Project 能够跟踪和分析项目进度，分析、预测和控制项目成本，以保证项目如期顺利完成，资源得到有效利用，提高经济效益。

11.1.2　Project 的版本

Project 产品常见有以下几个不同的版本：

Project Standard：标准版，只能用于桌面端，适用于独立进行项目管理的 PM。

Project Professional：专业版，可以和后台的服务器相连接，将项目信息发布到服务器上，供企业中的负责人和项目组相关成员查看和协作。

Project Server：服务器版，安装在企业中的项目管理后台服务器上，存储项目管理信息，实现用户账户和权限的管理，是微软企业项目管理解决方案的基础和核心组件，需要 Windows SharePoint Service 和 SQL Server 做底层支持。

Project Web Access：Web 的方式访问项目站点，了解任务分配情况，分享项目相关文档，在线更新进度状态，提出问题和风险，实现沟通和协作，适用于广大的项目组成员，以及企业中的项目发起人、资源经理和 IT 部门员工。

本章主要采用 Microsoft Project Professional 2010 专业版。

Project 2010 产品改进之处主要为四个方面。首先，通过一个共有的用户界面它统一了项目及投资组合管理；在 SharePoint Server 2010 的基础上实现更加有效地协作从而提升了效率，整合了 Outlook 2007 和 2010；增强用户体验，采用了用户熟悉的微软 Office

Fluent 用户界面和直观设计；整合了微软在 PC、手机和浏览器中的相关技术为该平台带来了可升级性和可转换性。

11.1.3 Project 2010 新增功能

Microsoft Project 2010 具有一个崭新的界面，在新的外观之下，它还包含功能强大的新的日程排定、任务管理和视图改进，这样就能够更好地控制管理和呈现项目。

MicrosoftProject 2010 的新增功能主要有如下所述。

1. 改进的界面

Project 2010 引入了多个能够显著改善查看和使用项目的功能。

当首次启动 Project 2010 时，"功能区"取代了菜单栏和工具栏（如图 11.1），它可帮助您快速找到完成任务所需的命令。这些命令按逻辑分组，并集中在各个选项卡下面。

图 11.1 甘特图工具工具栏

对于 Project 2010，功能区上的所有选项卡和组都是可完全自定义的。如果您的组织具有一些业务上特有的功能，则可以将这些功能组织到独自的功能区选项卡上。

2. 新的查看选项

新增了一些查看功能，可以更加清楚地了解工作组的工作情况和过度分配人员的所在。Project 还可以帮助其他人使用日程表视图来查看项目全貌（以及可能的主要资源问题）。

（1）工作组计划程序。Project Professional 2010 用户现在可以使用工作组计划程序，这是一种资源日程排定视图。可以通过此视图以一种以前在早期版本的 Project 中不可能实现的方式与日程进行交互。通过使用工作组计划程序视图，就能了解到工作组成员当前从事的工作，并且可以将任务从一个人转移到另一个人。还可以查看和分配未分配的工作、查看过度分配以及查看任务名和资源名。所有这些工作都可以在一个高效率的视图中完成。管理任务和资源从未如此简单。例如，如果某个资源过度分配，您需要做的只是将任务从一个资源拖到另一个资源，这样过度分配情况就解决了。

(2) 日程表。Project 2010 包括一个自动显示在其他视图之上的"日程表"视图,其中会显示整个日程的简明概览。不仅可以将任务添加到日程表中,甚至还可以为整个项目的摘要报告打印日程表以吸引人的注意力。或者,还可以将日程表粘贴到电子邮件中,轻松地生成一份即时报告。

3. 更简单的视图自定义

一直以来,在 Project 中处理视图通常极富挑战性。Project 2010 显示和控制项目的新方式如下。

(1) 快速添加新列。向 Project 中添加新列的操作已经大大简化。现在,只需单击工作表视图右端的"添加新列"标题,然后键入或选择列名称。也可以通过单击现有列的标题并键入不同的列名称来快速重命名现有列。自定义列从未如此简单。

(2) 缩放滑块。使用 Project 2010 的状态栏中的缩放滑块可以快速缩放视图的时间分段部分。简单地将滑块移到右侧可放大(显示较短的时间间隔,如天或小时)日程,移到左侧可缩小(显示较长的时间间隔,如周或月)日程。缩放滑块可用于甘特图、网络图、日历视图以及所有的图形视图。

4. 用户控制的日程排定

Project 2010 提供了一些项目日程排定增强功能,以改进对日程的控制。可以在 Microsoft Excel 或 Word 中创建初始任务列表,然后将其粘贴到 Project 中,而不必重新设置这些列表的格式。

(1) 手动排定日程。Project 2010 在项目的日程排定方式上引入了一个重要改变。如果任务是手动排定日程的,则在更改任务相关性(任务相关性:两个链接任务之间的关系;通过完成日期和开始日期之间的相关性进行链接。有四种任务相关性类型:"完成—开始"(FS)、"开始—开始"(SS)、"完成—完成"(FF)和"开始—完成"(SF)。)和项目日历(日历:确定资源和任务工作时间的日程排定机制。Project 使用四种类型的日历:基准日历、项目日历、资源日历和任务日历。)等因素时,将不再自动调整任务日期。

可以将手动排定的任务放置在日程中的任何位置,Project 将不会移动它。

习惯于使用以前版本的 Project 自动排定日程的项目经理可以为特定任务或整个项目关闭新的手动排定日程功能。某些项目(特别是一些复杂的项目)可能需要功能强大的 Project 日程排定引擎来妥善排定日程。

(2) 非活动任务。可以使任务处于非活动状态,同时仍将这些活动保留在项目中。非活动任务通常具有对于存档目的很有价值的关键信息(如实际值和成本信息)。

（3）自上而下的摘要任务。项目经理不再限于创建子任务，然后将这些子任务上卷显示于摘要任务中。对于 Project 2010，可以首先创建摘要任务，并且摘要任务的日期可以不必准确匹配子任务的上卷日期。

在计划的开始阶段，项目经理可能只清楚有关其项目的关键可交付结果（可交付结果：为完成项目或项目的一部分而必须生成的切实可度量结果、成果或项目。通常情况下，项目工作组和项目风险承担者要在项目开始之前先就项目可交付结果达成一致意见。）和主要里程碑（里程碑：一个标志项目中的主要事件，并用于监视项目进度的参考点。任何工期为零的任务都自动显示为里程碑，也可以将具有任意工期的其他任务标记为里程碑。）的某些高级别信息。通过使用 Project，可以根据整个日程表和预算（预算：在 Project 中通过比较基准计划建立的项目的估计成本。）将项目分成若干个高级阶段（阶段：完成项目主要步骤的一组相关任务）。这意味着，各个工作项的日期没有必要与用于高级阶段的日期保持完全一致。

（4）项目版本比较。Project 2010 中的比较版本功能目前包括甘特条形图和图形图像，可以更加清晰地了解项目的各版本之间的差别。

5. 更轻松地协作

将项目与组织中的其他人隔离开并不是很好的项目存在方式。Project 改进了可用来共享项目信息的方式。

（1）通过 SharePoint 列表同步改进协作。Project Professional 2010 用户可以将项目文件导出 SharePoint 列表中，从而向项目经理提供一种共享状态或创建报表（整个组织都可查看）的既简单又快速的方法。不需要 Project Web App 即可与 SharePoint 列表同步。

（2）增强的复制和粘贴功能。使用此新功能，可以在 Office 程序和 Project 2010 之间复制和粘贴内容，同时保留内容的格式、大纲级别和列标题。

只需单击两次鼠标，就可以生成一份即时报告，并将其复制到大多数的 Office 程序中。

6. 向后兼容性

Project 2010 与以前的 Microsoft Project 版本兼容。可以在 Project 2007 或更早版本中创建文件，然后在 Project 2010 的缩减功能模式下打开和编辑这些文件。此外，也可以在 Project 2010 中创建文件，然后将其转换为 Project 2007、Project 2000－2003 和 Project 98 文件格式。这两种方法都不需要转换器！然而，使用 Project 早期版本查看 Project 2010 特有的一些功能（例如，手动排定日程的任务和自上而下的摘要任务）时，这些功能可能不会按预期显示。

11.2 Project 基础知识

如果刚刚接触项目管理或 Microsoft Project，可能会有很多有关如何创建和管理项目的问题。本节首先介绍有关创建计划、跟踪进度和交流工作结果的基本知识，然后介绍 Project 2010 版软件相关功能。

11.2.1 Project 基础知识

大多数项目管理工作都涉及一些相同的活动，其中包括将项目分割成便于管理的多个任务、排定任务的日程、在工作组中交流信息以及跟踪任务的工作进展。所有项目都包括以下三个主要的阶段：

(1) 创建计划。
(2) 跟踪和管理项目。
(3) 结束项目。

这三个阶段进行得越成功，成功完成这个项目的可能性就越大。

1. 项目三角形

首先来了解一下塑造项目的三个基本要素：

(1) 时间：反映在项目的日程中的完成项目所需的时间。
(2) 费用：即项目的预算，它取决于资源的成本，这些资源包括完成任务所需的人员、设备和材料。
(3) 范围：项目的目标和任务，以及完成这些目标和任务所需的工时。

时间、费用和范围这三个因素构成了项目三角形。调整其中任何一个因素都会影响其他两个因素。虽然这三个因素都非常重要，但通常有一个因素会对项目有决定性的影响。

这些因素之间的关系随着项目的不同而有所变化，它们决定了会出现的问题，以及可能的解决方案。了解什么地方会有限制、什么地方可以灵活掌握，将有助于规划和管理项目。

2. Microsoft Project 数据库

作为项目经理，有很多事情要做。Microsoft Project 能做些什么呢？首先，它在其数据库中保存了有关项目的详细数据。它还可以利用这些信息计算和维护项目的日程、成本以及其他要素,并创建项目计划。提供的信息越详细,计划就越精确。

与电子表格相似,Microsoft Project 会立即显示它的计算结果。但是只有在输入了所有任务的关键信息后,它才能最终完成项目计划。这时我们才能了解项目完成的时间或者任务日程的具体日期。

Microsoft Project 将输入的和它计算出的各种信息保存在域中。每个域都包括特定类型的信息,例如任务名称或工期。在 Microsoft Project 中,域通常按列显示。

3. 查看所需的数据

在某一时间,关注的可能是完成日期,而在另一时间,关注的可能是成本。项目数据库中包括了很多信息,但在任何特定时刻,都只需要其中的一部分。如果要获取所需信息,可以利用下面这些工具。

视图能够以便于理解的方式显示部分项目信息。例如,"甘特图"以列表和条形图的形式显示了任务的基本信息。

表定义了显示出的列。

筛选器有助于将注意力集中在特定的任务或资源上。

与电视频道相似,每种视图能显示不同类型的信息。表和筛选器可以用于进一步调整要显示的信息。正如切换频道不会将频道删除一样,改变视图、表或筛选器只会隐藏信息,而不会删除信息。这些信息还保存在数据库中并且会得到更新。

4. Microsoft Project 如何排定日程

Microsoft Project 是如何安排任务的开始和结束时间的?它要考虑很多因素,其中包括任务相关性、限制和节假日等因素引起的中断。最重要的是,Microsoft Project 排定每个任务的日程时都会使用此公式:工期=工时/资源投入,其中:

工期是完成任务所需的实际时间。

工时是为了完成任务而需要在一段时间内完成的工作量。

资源投入是指资源的总工作能力被分配给任务的比例以及他们的分配情况。

例如,如果:

三名油漆工为一项任务工作了两个工作日,每个工作日的投入为 8 小时,每项资源的工时是 16 小时:(2 个工作日 × 8 小时)。

资源的总投入是每天 24 小时:(3 名油漆工 × 8 小时)。

此任务的总工时为 48 小时:(2 个工作日 × 8 小时 × 3 名油漆工)。

工期是 2 个工作日:48 小时/(3 名油漆工 × 8 小时)。

理解这个公式对于理解修改任务会如何影响项目日程是很重要的。

5. 综合处理

在创建了任务列表并提供了日程信息之后，计划也就完成了。你会看到项目的完整模型，包括项目的完成日期以及各项任务的开始和结束日期。下一步该做什么呢？

查看可能出现问题的关键路径。关键路径是一系列相互关联的任务，这些任务按时完成才能保证整个项目按时完成。如果关键路径上的任何一个任务发生了延迟，整个项目的完成日期也会因此而推迟。

评估计划并进行优化，直至满意。在项目开始之前以及在项目进行的过程中，都需要定期评估和调整项目的计划。请考虑范围、资源和日程。

将任务的进展更新到 Microsoft Project 中。作为回报，它会提供一个经过更新的项目计划。可以自己更新计划，工作组也可以利用 Microsoft Project Central 或电子邮件更新计划。在更新了计划之后，可以查看修改后的效果。项目超出预算了吗？是否有工作组的成员需要加班工作？项目的完成日期会推迟吗？

结束项目。评估得到的经验教训，以及做得最好的方面。

11.2.2 Microsoft Project 2010 工作界面

1. 操作界面介绍

启动 Microsoft Project 2010 软件后，操作界面如图 11.2 所示。

在这个操作界面中包含了 Microsoft Project 2010 的基本工作界面，由上而下依次是标题栏、功能区、时间表、视图区和状态栏，与前版本在界面上较明显区别是，"功能区"取代了菜单栏和工具栏，而且功能区完全可以根据自己需求自定义。

1) 标题栏

标题栏有运行程序的名称和项目文件名称，窗口最小化、窗口最大化、窗口还原和关闭按钮。Project 2010 还集成了一个自定义快速访问工具栏，如图 11.3 所示。

2) 功能区

在 Microsoft Project 2010 中，菜单栏和工具栏已替换成功能区，功能区可快速找到完成任务所需的命令。命令组织为逻辑组的形式，逻辑组一同收集在选项卡下。

整个功能区包含"任务""资源""项目""视图"和"格式"共五个选项卡。

（1）"任务"选项卡：提供了用于添加、格式化和处理任务等的按钮。包含"视图""剪贴板""字体""日程""任务""插入""属性"和"编辑"这八个工作组，如图 11.4

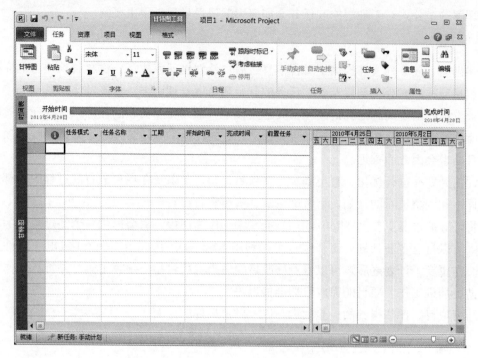

图 11.2　Microsoft Project 2010 操作界面图

图 11.3　快速访问工具栏

所示。在"视图"组可以更改任务类视图和资源类视图,在"日程"组,可以标记完成百分比,将任务链接到另一个任务以及停用任务。还可以从"任务"组将手动计划任务转换为自动计划任务等。

图 11.4　"任务"选项卡

(2)"资源"选项卡:提供了"查看""工作分配""插入""属性"和"级别"共五个工作组,如图 11.5 所示。通过"资源"选项卡上的按钮,可以处理通常而言较复杂的管理相关资源的任务,这些资源用于执行项目的相关工作。在此选项卡中,可以添加资源,将其分配给任务，平衡过度分配的资源。还可以在此选项卡中启动功能强大的工作组规划器。

图 11.5 "资源"选项卡

（3）"项目"选项卡：提供了"插入""属性""日程""状态""报表"和"校对"共六个工作组，如图 11.6 所示。使用"项目"选项卡可以处理高级项目功能，包括属性、计划和报表。例如，可以从"项目"选项卡添加自定义字段，定义 WBS 代码，插入子项目，以及生成可视报表等。

图 11.6 "项目"选项卡

（4）"视图"选项卡：提供了"任务视图""资源视图""数据""显示比例""拆分视图""窗口"和"宏"共七个工作组，如图 11.7 所示。使用"视图"选项卡既可以选择 Project 2010 中提供的各种视图，也可以自定义您的当前视图。还可以在该选项卡中为视图添加日程表等。

图 11.7 "视图"选项卡

（5）"格式"选项卡：提供了"格式""列""条形图样式""甘特图样式""显示/隐藏"和"绘图"共六个工作组，如图 11.8 所示。使用"格式"选项卡按钮可自定义每种

图 11.8 "格式"选项卡

视图的文本、列、颜色和其他元素。对于每种视图,"格式"选项卡中的组和按钮完全不同,当变换视图时它们会自动更改。

3)时间表

通过时间表可查看项目的日程进度,如图 11.9 所示。

图 11.9　时间表图

4)视图区

Project 2010 视图区显示的默认视图是"甘特图",左边是任务工作表,右边显示详细信息,如图 11.10 所示。

图 11.10　视图区图

5)状态栏

Project 2010 状态栏提供了一项新功能—缩放滑块(图 11.11),通过缩放滑块可以精确地控制希望查看的项目时间刻度视图的大小。

图 11.11　状态栏图

2. 常用视图

视图是 MS Project 与用户的沟通方式。视图以特定的格式显示在 MS Project 中输入的项目信息。MS Project 的每一个项目文件都存储着大量信息,通过视图可以展现项目信息的各个侧面。视图主要分为任务类视图和资源类视图,常用的任务类视图有:"甘特图"视图、"网络图"视图、"日历"视图、"任务分配状况"视图等;常用的资源类视图有:"资源工作表"视图、"资源图表"视图、"资源使用状况"视图等。

1)"甘特图"视图

"甘特图"视图用两种方式显示项目信息,视图的左边是任务工作表,显示任务的详细数据，例如 A 任务的任务开始和结束时间，任务的工期，以及分配给任务的资源。右边则用条形图显示信息。每一个条形图表示一个任务，通过视图上方的时间标尺，可以清楚地表示出任务何时开始，何时结束。条形图之间的链接线表示任务的相关性，如图 11.12 所示。

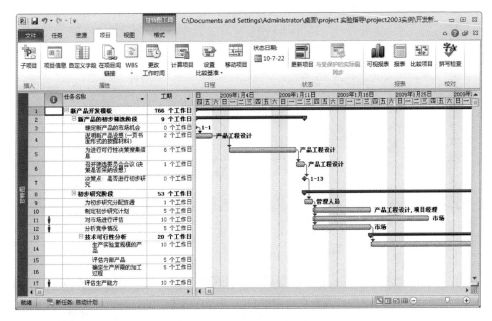

图 11.12　"甘特图"视图

"甘特图"视图是建立项目计划最常用的视图。在该视图中通常要完成的工作有：

（1）创建一个项目的任务列表，通过大纲分级实现项目分解结构，并估算任务所需的持续时间。

（2）建立任务之间相关性，完成项目的日程排定。

（3）将人员和其他资源分配给任务。

（4）在项目的实施阶段，查看任务时展状态。比较当前计划与基准的差异，以跟踪任务的进度。

2）"网络图"视图

网络图是项目计划的又一种表达形式，主要用于描述项目中任务之间的相关性，如图 11.13 所示。在"网络图"视图中，每一个方框（也称节点）代表一个任务，两个方框之间的链接线则代表两个任务之间的相关性，在方框节点内显示任务信息。在网络图上可以审阅、创建或编辑任务和任务相关性。

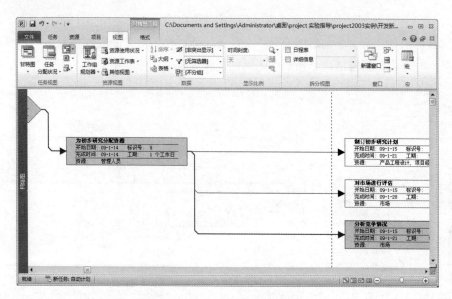

图 11.13 "网络图"视图

3)"日历"视图

"日历"视图可以按日历格式显示项目信息。任务条形图将跨越任务日程排定的工作日或星期。这种熟悉的格式可以快速查看在特定的日、周或月所排定的任务,如图 11.14 所示。

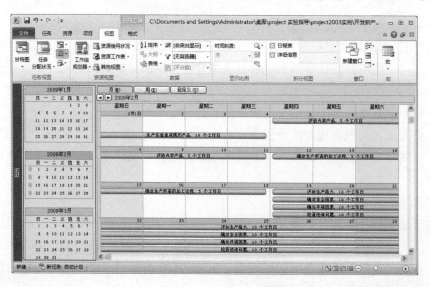

图 11.14 "日历"视图

4)"任务分配状况"视图

"任务分配状况"视图是以任务为主线,在每项任务下显示出分配给该任务的资源信息以及在各个时间段内的详细信息(可能是每个工作日,每周,每月或者是其他更小或更大的时间间隔)。在该视图上可以更清楚地了解每种资源在特定任务上的工作量、成本等许多信息,可以更合理地调整资源在任务上的分配,如图11.15所示。

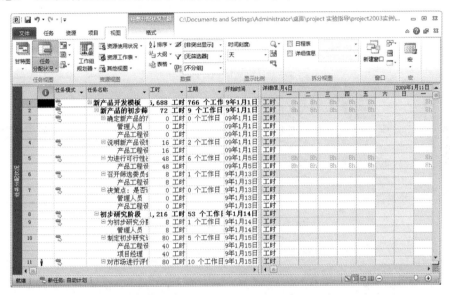

图11.15 "任务分配状况"视图

5)"跟踪甘特图"视图

"跟踪甘特图"视图显示两种任务条形图,一个在另一个的上方。一个条形图显示任务的比较基准,另一个条形图显示任务当前计划。当计划发生变化时,就可以查看出计划与基准的差异,如图11.16所示。

6)资源工作表

"资源工作表"视图以工作表的格式显示资源信息,在其中可以添加、编辑或审阅每项资源的信息。通过输入每项资源的名称和其他基本信息,可以快速地创建项目的资源列表,如图11.17所示。

7)"资源使用状况"视图

"资源使用状况"视图是以资源为主线,统计每个资源所承担任务的信息以及在各个时间段内的详细信息。该视图与任务分配状况视图很相似,但观察角度不同。在该视图上可以核查资源的超分配状态,如图11.18所示。

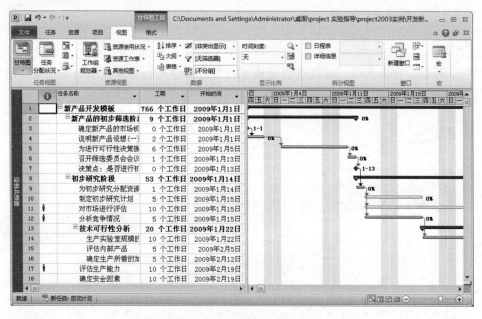

图 11.16 "跟踪甘特图"视图

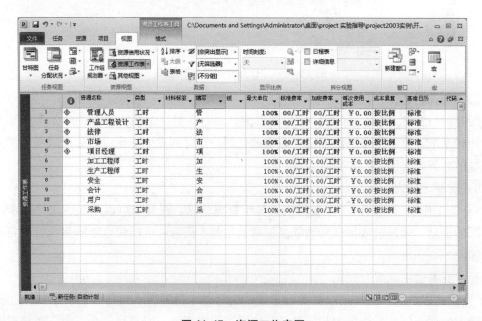

图 11.17 资源工作表图

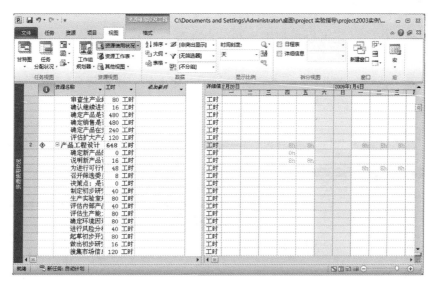

图 11.18 "资源使用状况"视图

8)"资源图表"视图

"资源图表"视图以图形方式按时间分布更直观地显示资源分配量、工时、使用效率、成本等信息。可以一次审阅一种资源的资源信息,或查看所选资源的资源信息,如图 11.19 所示。

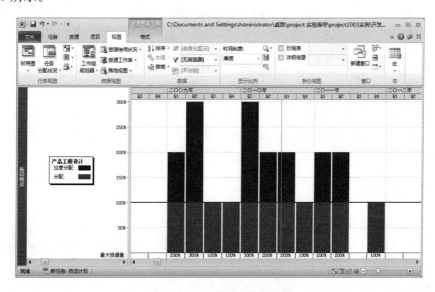

图 11.19 "资源图表"视图

9) 组合视图

除此之外,Project 还可以根据需要在一个屏幕上分上下窗口,同时显示两种视图,即"拆分视图"。

可以选择"视图"选项卡,点击"拆分视图"组上的"详细信息",然后通过下拉列表选择想要显示在下方的视图,如图 11.20 所示是甘特图和资源图两种视图。

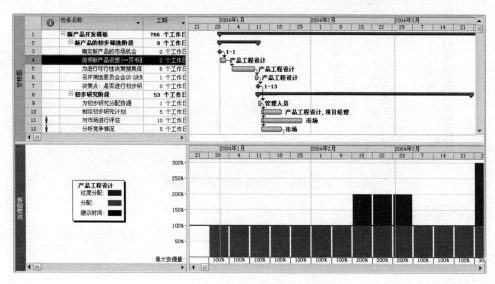

图 11.20　组合视图

11.3　Project 中的任务类型

在 Project 中,控制资源对日程排定的影响除资源日历外,主要是通过设置任务类型而实现的。日程的三种主要控制方法分别是"固定工时"、"固定工期"、"固定单位",同时配合"投入比导向",生成最后的排定结果。

11.3.1　任务的类型

在 Project 中,任务的类型共有三种:
(1) 固定单位。
(2) 固定工期。
(3) 固定工时。

每一种任务类型代表了一种日程排定控制方法。有一这三种控制方法，我们就可以根据完成任务所需要的时间与资源的相关性进行日程安排。在同一项目中，可以同时存在着使用不同控制方法的任务。例如：在世合赛之前的"筹备工作"，可以通过多安排人员而提前进度，此属"固定工时"或"固定单位"类型任务。但在召开"世合赛"的期间里，则不论增派多少人员或追加多少预算，都不能改变工期，属于"固定工期"类型任务。

由于在同一项目中，不同的任务允许不同的日程控制方法，为了符合实际的需要，可以针对单一任务、多个任务甚至整个项目来进行设定。在 Project 中预设的工作环境中所使用的日程控制方法为"固定单位"，并选定"投入比导向"。但在这种设置下，稍不注意，当修改资源分配单位或再分配其他种类的资源时，任务的工期就会发生变化。因此建议，在开始创建项目计划时，把默认的任务类型设置为"固定工期"，禁止"投入比导向"功能。通过执行"文件"→"选项"命令，弹出"选项"对话框，在"日程"卡片下作相应的设置。当然，如果项目需要按其他日程控制方式安排日程，则不必设置。

在 Project 中，每一个任务都具有任务类型属性，在项目日程排定过程中，尤其在调整、优化项目计划时，Project 将根据任务当前设定的任务类型，对该任务进行日程安排，因此，需要随时改变任务类型，使用不同任务类型根据实际情况准确地控制每项任务的日程安排。如果我们要对特定任务类型设定，可以用鼠标双击该任务，弹出"任务信息"对话框，在"高级"选项卡下，从"任务类型"下拉选择框中设定，如图 11.21 所示。

图 11.21 "任务信息"对话框

在任务类视图的工作表中，插入"类型"数据域，也可以方便地查看、更改任务的类型，如图 11.22 所示。

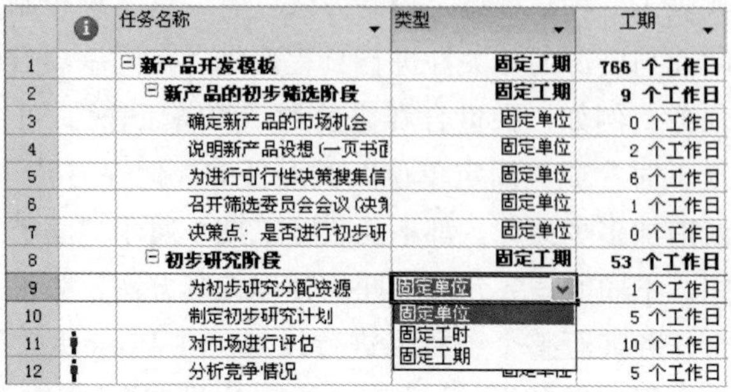

图 11.22　任务类视图的工作表图

11.3.2　工作量公式

当为一项任务分配了资源，Project 将根据该任务的工期和资源的分配量计算资源在该任务上的工作量，即工时。例如一个资源全时地在一个工期为 3 工作日的任务上工作，则该资源每天要工作 8 小时，三天的工作量为 24 小时，如果是半时地分配给该任务，则该资源每天工作 4 小时，三天的工作量为 12 小时。

在 Project 中使用工作量公式来计算资源的工作量，定义工期、工时、资源分配单位三者在控制日程排定时的关系。

工作量公式：工时＝工期×资源单位　或　工期＝工时/资源单位

Project 会在第一次给任务分配资源时，根据工作量公式确定基本的工期、单位和工时数据，通常是根据任务工期和资源单位计算工时。在此之后，调整三个参数之一时，Project 将根据任务的日程控制规则，即当前设定的任务类型，决定改变哪一个参数而保持另一个参数不变。

任务类型为"固定工期"时，若保持工期不变，增加资源的分配单位，工时将增加。
任务类型为"固定单位"时，若保持资源分配单位不变，增加工时，工期将延长。
任务类型为"固定工时"时，若保持工时不变，增加资源的分配单位，工期将缩短。
在不同的任务类型下，这三个参数的变动如何影响日程排定，参见表 11-1 所示。

表 11-1　任务类型与工作量公式的关系

任务类型	修改单位	修改工期	修改工时	任务类型	修改单位	修改工期	修改工时
固定工期	重算工时	重算工时	重算单位	固定工时	重算工期	重算单位	重算工期
固定单位	重算工期	重算工时	重算工期				

11.3.3 "固定工期"类型的日程排定

"固定工期"的日程控制方法意味任务的工期与所分配的资源量无关,也与任务的总工时和每一个资源的工时无关。其基础是任务的总工期固定。

对于某些任务,在进行资源分配或计划调整时,有时希望保持工期不变,修改资源的分配量时,让资源的工作量随之变化。例如:项目中有一个召开会议的任务,该任务应设定为:"固定工期"的任务类型,否则,当分配更多的人参加会议时,会议的时间越来越短,这显然是违背一般常识的。

下面通过一个简单示例来说明"固定工期"日程控制方法。在图 11.23 中,"软件需求分析"和"软件系统设计"的任务类型都设定为"固定工期",初始资源分配如图 11.23 所示。

任务名称	资源名称	工时	工期	类型
⊟ 软件需求分析		8 工时	1 个工作日	固定工期
制定初步预算	系统分析员	8 工时		固定工期
⊟ 软件系统设计		8 工时	1 个工作日	固定工期
制定功能规范	系统设计员	8 工时		固定工期

图 11.23　初始资源分配图

在任务"软件需求分析"下,将资源"制定初步预算"的资源分配单位由 100% 增加到 200%,在"软件系统设计"下分析一个新资源"审阅功能规范",更改后的结果如图 11.24 所示。任务的工期仍保持不变,仍为 1 个工作日。而任务工时随资源分配量增加,由 8 工时增加到 16 工时,其中"软件系统设计"的工时是"制定功能规范"和"审阅功能规范"在该任务上工作的工时之和。

任务名称	资源名称	工时	工期	类型
⊟ 软件需求分析		16 工时	1 个工作日	固定工期
制定初步预算	系统分析员[200%]	16 工时		固定工期
⊟ 软件系统设计		16 工时	1 个工作日	固定工期
制定功能规范	系统设计员	8 工时		固定工期
审阅功能规范	系统设计员	8 工时		固定工期

图 11.24　更改后的结果图

11.3.4 "固定工时"类型的日程排定

使用"固定工时"类型日程控制方法的基础是任务的总工时固定。因为总工时保持不变,所以分配的资源数量和种类多少必然会影响到每一种资源分配的时间,进而影响到任务的工期。分配的资源数量越多,每一种资源需要工作的时间一定会缩短(因总工时不变),因此会加速任务的完成。

在一个已分配了资源的任务中,假如我们调整任务的工期,在"固定工时"的控制方法下 Project 会改变因该任务上所有已经分配资源的数量。反之,增减资源的数量也会影响工期。

图 11.25 中,任务"软件需求分析"和任务"软件系统设计"预设工期是 1 天,"软件需求分析"上分配了资源"制定初步预算",资源分配量为 200%,每天工作 8 小时,任务的工时为 16 小时(8×2);"软件系统设计"上分配了不同种类的两个资源,每种资源量为 100%,总工时也为 16 小时(8+8)。

任务名称	资源名称	工时	工期	类型
□ 软件需求分析		16 工时	1 个工作日	固定工期
制定初步预算	系统分析员[200%]	16 工时		固定工时
□ 软件系统设计		16 工时	1 个工作日	固定工期
制定功能规范	系统设计员	8 工时		固定工时
审阅功能规范	系统设计员	8 工时		固定工时

图 11.25

如果把任务类型设定为"固定工时",则总工时 16 小时保持不变。若将"软件需求分析"的资源分配量从 200%增加到 400%,由于总工作量不变,每个资源只需要工作 4 小时即可完成任务,所以任务的工期自动减少到 0.5 工作日,如图 11.26 所示。

任务名称	资源名称	工时	工期	类型
□ 软件需求分析		16 工时	0.5 个工作日	固定工期
制定初步预算	系统分析员[400%]	16 工时		固定工时
□ 软件系统设计		16 工时	2 个工作日	固定工期
制定功能规范	系统设计员	16 工时		固定工时

图 11.26

在"软件系统设计"上,若删除了资源"审阅功能规范",由于任务总工时不变,所以"制定初步预算"资源必须工作 16 工时才能完成该任务,但"制定初步预算"只有 1 个人,每天工作 8 小时,所以任务的工期会自动变为 2 天。

在实际工作中,当任务的工作量确定后,使用"固定工时"的日程控制方法,通过增减资源的投入量,Project 可以自动压缩或延长任务工期。

从另一个角度来说,在"软件系统设计"上,如果不删除"审阅功能规范",而是把它增加到 200%,则任务工期保持不变。结果如图 11.27 所示。

任务名称	资源名称	工时	工期	类型
☐ 软件系统设计		16 工时	1 个工作日	固定工期
制定功能规范	系统设计员	8 工时		固定工时
审阅功能规范	系统设计员[200%]	8 工时		固定工时

图 11.27

11.3.5 "固定单位"类型的日程排定

"固定单位"的日程控制方法意味着要控制分配给任务的资源单位数量。在工作量公式中，资源单位值保持不变。在已经分配了资源的任务中，假如修改任务的工期，Project 将改变所有分配到此任务上资源的工时数，而保持资源的分配数量不变。也就是使用"固定单位"控制方法排定日程时，工期的变化将影响到工时。同样，如果改变任务的工作量，任务的工期可能发生变化。

图 11.28 中，"软件需求分析"和"软件系统设计"预设工期是 1 天，"软件需求分析"上分配了"资源制定预算"；"软件系统设计"上分析了不同种类的两个资源，每种资源量为 100%，"软件系统设计"的总工时为 16 小时。任务类型都设定为"固定单位"。

任务名称	资源名称	工时	工期	类型
☐ 软件需求分析		8 工时	1 个工作日	固定工期
制定初步预算	系统分析员	8 工时		固定单位
☐ 软件系统设计		16 工时	1 个工作日	固定工期
制定功能规范	系统设计员	8 工时		固定单位
审阅功能规范	系统设计员	8 工时		固定单位

图 11.28

假若"软件需求分析"的工作 1 天不能完成，要将工期增加到 2 个工作日，修改任务的工期后，由于"制定初步预算"在该任务上只能投入 100%，要保持该资源分配单位不变，必须增加在该任务上的工作时间，所以 Project 重新计算后，将"制定初步预算"的工时增加到 16 小时。结果如图 11.29 所示。

任务名称	资源名称	工时	工期	类型
☐ 软件需求分析		16 工时	2 个工作日	固定工期
制定初步预算	系统分析员	16 工时		固定单位
☐ 软件系统设计		20 工时	1.25 个工作日	固定工期
制定功能规范	系统设计员	10 工时		固定单位
审阅功能规范	系统设计员	10 工时		固定单位

图 11.29

若"软件系统设计"的工作 16 小时不能完成，需要增加任务的工作量，可以修改工时,增加到 20 小时。Project 根据"固定单位"的日程控制规则,保持资源分配单位不变,则必须延长任务的工作时间,Project 重新计算后,任务的工期增加到 1.25 工作日,工时相应都增加到 10 小时。结果如图 11.29 所示。

11.3.6 "投入比导向"对于日程排定的影响

在 Project 中,还有一种"投入比导向"的日程控制方法,该方法的要点是保持任务首次分配资源时的"总工时"不变。"投入比导向"只能与"固定工期"和"固定单位"两种类型配合使用,"固定工时"类型的任务不能设置为"投入比导向"。

在"固定工期"类型的任务中设定了"投入比导向"时,如果分配到该任务上的资源的种类不变,只增加或减少已分配资源的单位数量,则被更改资源的工时将随资源的数量增减而相应增减,任务的总工时也相应增减,但工期不变。在上述情况下,"投入比导向"不管是否设定,都不起作用。

如果在任务上完全删除了某种资源,则被删除资源原来的工时将分摊到仍然在该任务中工作的资源上,工期不变,总工时不变。

如果新增加了一种资源,工期不变的同时任务的总工时也保持不变,但每种资源的工时将按当前的它们所承担的工时和新增资源的工时的比例进行分配。

在"固定单位"类型的任务中设定了"投入比导向"时,如果分配到该任务上的资源的种类不变,只增加或减少已分配资源的单位数量,则该类资源的工时仍保持不变,因此任务的总工时也不变,任务的工期由关键资源决定,可能会发生变化。在上述情况下,"投入比导向"仍然不起作用。

如果在任务上完全删除了某种资源,则被删除资源原来的工时将分摊到仍然在该任务中工作的资源上,工期会因关键资源的工时增多而变长,总工时不变。

如果新增加了一种资源,任务的总工时保持不变,但将按当前分配在该任务上的每种资源的单位数量和新增资源的单位数量的比例进行分配。

综上所述,在"固定工期"和"固定单位"的日程控制方法下,如果只是增加或减少已分配资源的使用量,"投入比导向"规则不起作用。如果改变任务分配的资源种类,是否设定了"资源投入比导向",将影响任务的排定日程规则。

第 12 章 Project 项目管理实验

12.1 实验任务

绍兴环亚纺织服装公司新产品上市的营销项目见表 12-1。

表 12-1 新产品上市营销项目

任务名称	工期	开始时间	前置任务	资源名称
准备阶段	11 工作日	2010 年 7 月 1 日		
企业评析	7 工作日	2010 年 7 月 1 日		总经理
市场分析	7 工作日	2010 年 7 月 1 日		销售经理
竞争分析	7 工作日	2010 年 7 月 1 日		销售经理
举行筹备会议	3 工作日	2010 年 7 月 12 日	2,3,4	办公室主任
讨论会议内容	1 工作日	2010 年 7 月 15 日	5	总经理
企划阶段	17 工作日	2010 年 7 月 16 日	1	
问题与机会	7 工作日	2010 年 7 月 16 日		总经理
销售预算与目标	7 工作日	2010 年 7 月 16 日		销售经理
产品目标	7 工作日	2010 年 7 月 16 日		产品经理
定位策略	3 工作日	2010 年 7 月 27 日	8,9,10	总经理
目标市场	2 工作日	2010 年 7 月 27 日	8,9,10	销售经理
产品营销组合	7 工作日	2010 年 7 月 30 日	11,12	销售经理
产品支持	3 工作日	2010 年 7 月 30 日	11,12	产品经理
发表阶段	129 工作日	2010 年 8 月 11 日	7	

续表

任务名称	工期	开始时间	前置任务	资源名称
制作产品上市日程表	3 工作日	2010 年 8 月 11 日		销售经理
规划上市活动	14 工作日	2010 年 8 月 14 日	16	销售经理
营销训练与要求	14 工作日	2010 年 9 月 3 日	17	销售经理
规划设计展示场所	7 工作日	2010 年 9 月 3 日	17	企划经理
准备展示品	10 工作日	2010 年 9 月 14 日	19	产品经理
整理邀请名单	3 工作日	2010 年 9 月 14 日	19	办公室主任
制作简报	5 工作日	2010 年 9 月 28 日	20，21	企划经理
举行展示促销活动	90 工作日	2010 年 10 月 4 日	22	企划、销售经理
第一次赠品促销活动	15 工作日	2010 年 10 月 4 日	22	销售经理
第二次赠品促销活动	30 工作日	2010 年 10 月 25 日	24	销售经理
第三次赠品促销活动	45 工作日	2010 年 12 月 6 日	25	销售经理
验收阶段	35 工作日	2011 年 2 月 8 日	15	
财务汇总	14 工作日	2011 年 2 月 8 日		财务经理
市场调查与分析	30 工作日	2011 年 2 月 8 日		销售经理
会议讨论	5 工作日	2011 年 3 月 19 日	28，29	总经理

根据以上信息完成 Project 项目管理相关工作：

（1）根据表 12-1 完成该公司新产品上市营销项目计划的创建并进行资源的分配。

（2）根据所创建的项目计划进行跟踪与管理。

12.2 实验步骤

1. 创建新项目

单击"开始"→"Microsoft Office"→"Microsoft Project 2010"，启动 Project 软件。启动后 Project 默认自动创建一个以"项目 1"为名称的新项目。

2. 定义项目文件属性

（1）单击"文件"选项卡，然后单击左则"信息"，然后单击右侧"项目信息"，如图12.1所示。

（2）选择"高级属性"，弹出如图所示窗口，并输入相应信息，如图12.2所示。

（3）单击"自定义"标签，可以查看和更改项目相关属性值，如图12.3所示。

（4）单击"确定"按钮，单击"任务"选项卡，返回到任务窗口。

（5）单击"保存"按钮，保存"项目1"到硬盘自定目录下，并取名为"绍兴环亚纺织服装公司项目管理"。

图 12.1 项目信息图

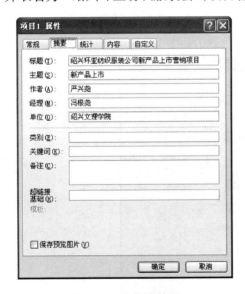

图 12.2 高级属性图

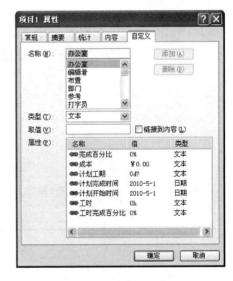

图 12.3 自定义标签图

3. 定义项目信息

（1）单击"项目"选项卡，单击"项目信息"，在弹出的窗口中设置项目开始日期和项目完成日期的具体时间，同时设置日历为"标准"，日程排定方法为"项目开始日期"，即所有任务越快开始越好，结果如图12.4所示。

（2）单击"确定"，返回到项目窗口。

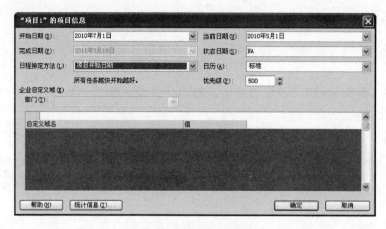

图 12.4　项目信息对话框

4．设置项目日历

（1）单击"项目"选项卡上的"更改工作时间"，弹出如图 12.5 所示的对话框。

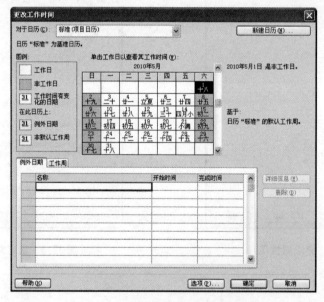

图 12.5　"更改工作时间"对话框

（2）因在项目实施期间，中间涉及国家规定节假日，需更改相关日历，选择日历中节假日，在窗口下方"例外日期"中添加相关名称和开始、完成日期。添加完后如图 12.6 所示。

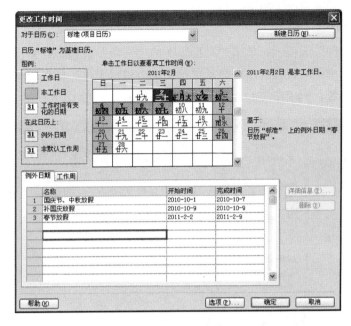

图 12.6　例外日期选项卡

(3) 其中对于例外日期，可以选中例外日期名称，然后单击右侧"详细信息"，在弹出的窗口中进行相应设置，如图 12.7 所示。

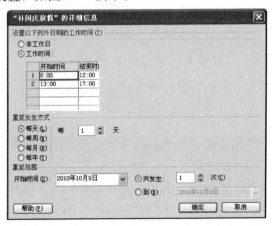

图 12.7　"补国庆放假"的详细信息选项卡

(4) 单击"确定"按钮，返回到项目窗口。

5. 项目日程修改

(1) 单击"文件"选项卡,单击"帮助"下的"选项"按钮,在弹出的对话框左侧选择"日程"标签,可以对日程的工期显示单位、工时显示单位、任务类型、是否按投入比导向等项目进行设置,这里按实验要求,采用默认设置,如图 12.8 所示。

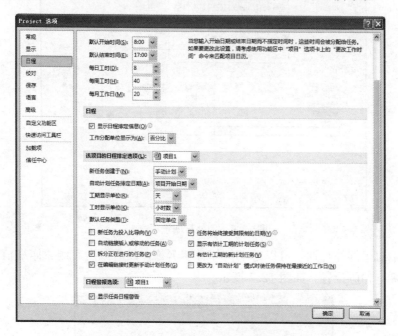

图 12.8 "Project 选项"对话框

(2) 单击"确定"按钮,返回到项目窗口。

6. 创建任务列表

(1) 单击"任务"选项卡,在"任务名称"域中按次序键入表 12-1 中的任务名称,输入完后如图 12.9 所示。

(2) 根据表 12-1 中的层次结构,选中"企业评析"任务名称,按住 Shift 键,单击"讨论会议内容"任务名称,然后单击"任务"选项卡、日程工作组下的" "降级按钮,或者利用"Alt+Shift+向右键",来建立大纲级别。另外几个阶段的大纲级别建立过程类似,建立后如图 12.10 所示。

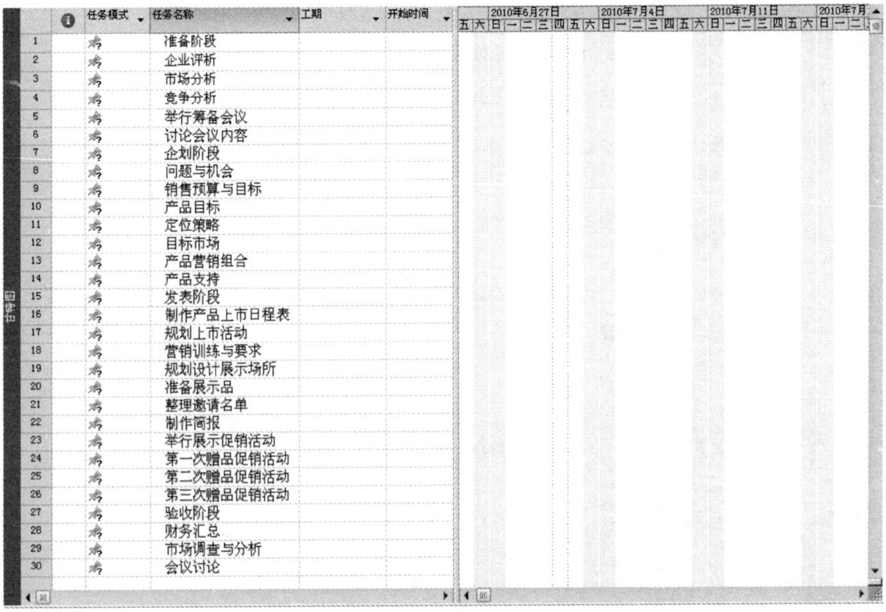

第12章 Project项目管理实验

图 12.9　键入选项名称对话框

图 12.10　建立大纲级别后示意图

131

(3) 可以通过任务名称边上的"＋"和"－"号来显示和隐藏子任务，也可以通过"视图"选项卡下的"大纲"按钮来显示和隐藏子任务。另外可以单击"大纲"选项卡下的"大纲数字"来显示大纲级别，如图 12.11 所示。

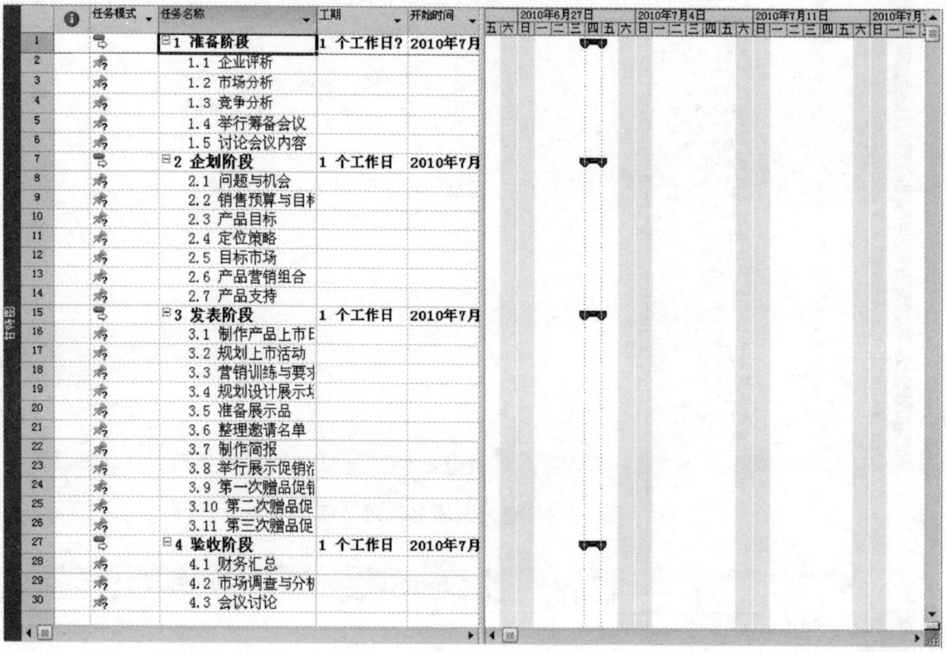

图 12.11　显示大纲级别示意图

7. 输入任务工期

根据表 12-1 中的内容给每个任务输入工期和项目的开始时间。结果如图 12.12 所示。其中根据工期和开始时间会自动产生项目的完成时间和各个阶段的总工期。

8. 建立任务间的关系

日程排定中最关键的一步就是创建任务相关性，如果一个任务的开始或结束依赖于另一个任务的开始或结束，则存在相关性。大多数任务依赖于其他任务。

直接在"任务"窗体的"前置任务"中输入表 12-1 所对应的前置任务 ID，输入后右侧自动显示相关任务间的链接关系，以箭头表示，如图 12.13 所示。

第12章 Project项目管理实验

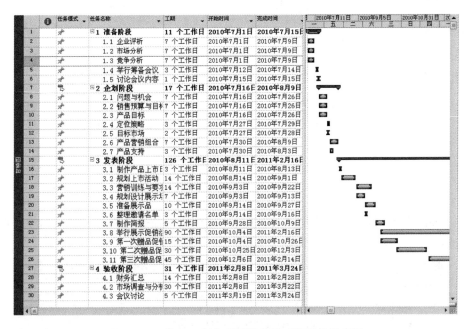

图12.12 输入工期和项目的开始时间后的示意图

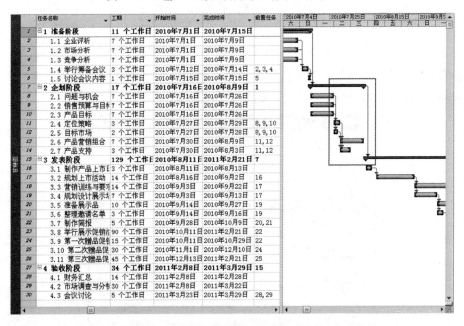

图12.13 相关任务间的链接关系示意图

9. 分配资源

（1）单击“视图”选项卡，点击“资源视图”组下的“资源工作表”。按表 12-1 数据输入相关资源名称及标准费率为 20 元/工时。输入后如图 12.14 所示。

		资源名称	类型	材料标签	缩写	组	最大单位	标准费率	加班费率	每次使用成本	成本累算	基准日历
1		总经理	工时		总		100%	.00/工时	0.00/工时	￥0.00	按比例	标准
2		办公室主任	工时		办		100%	.00/工时	0.00/工时	￥0.00	按比例	标准
3		销售经理	工时		销		100%	.00/工时	0.00/工时	￥0.00	按比例	标准
4		产品经理	工时		产		100%	.00/工时	0.00/工时	￥0.00	按比例	标准
5		企划经理	工时		企		100%	.00/工时	0.00/工时	￥0.00	按比例	标准
6		财务经理	工时		财		100%	.00/工时	0.00/工时	￥0.00	按比例	标准

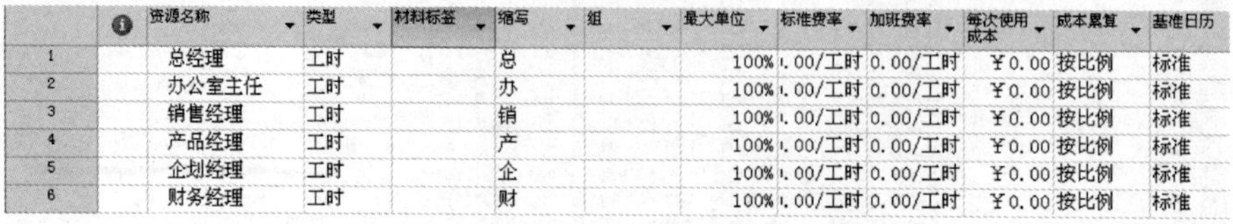

图 12.14　输入相关资源名称后的示意图

（2）单击“任务视图”组中的“甘特图”，在对应的任务“资源名称”列中，通过下拉列表选择相应的资源名称，如图 12.15 所示。

任务名称	工期	开始时间	完成时间	前置任务	资源名称
⊟1 准备阶段	**11 个工作日**	**2010年7月1日**	**2010年7月15日**		
1.1 企业评析	7 个工作日	2010年7月1日	2010年7月9日		
1.2 市场分析	7 个工作日	2010年7月1日	2010年7月9日		
1.3 竞争分析	7 个工作日	2010年7月1日	2010年7月9日		
1.4 举行筹备会议	3 个工作日	2010年7月12日	2010年7月14日	2,3,4	
1.5 讨论会议内容	1 个工作日	2010年7月15日	2010年7月15日	5	
⊟2 企划阶段	**17 个工作日**	**2010年7月16E**	**2010年8月9日**	**1**	

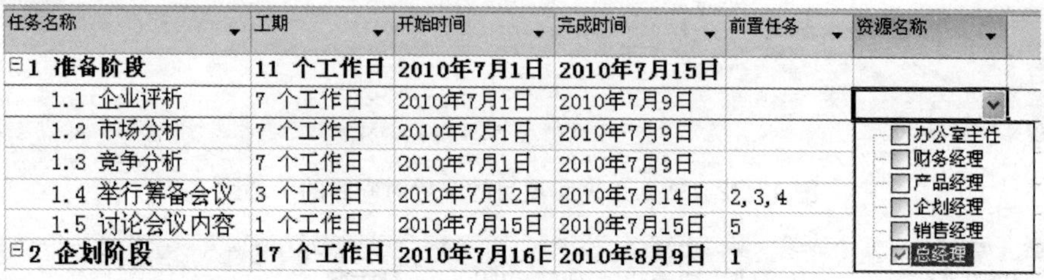

图 12.15　选择相应的资源名称示意图

也可以通过鼠标右键单击任务名称，在弹出的右键菜单中选择“分配资源”，然后单击资源名称，选择右侧“分配”按钮，如图 12.16 所示。

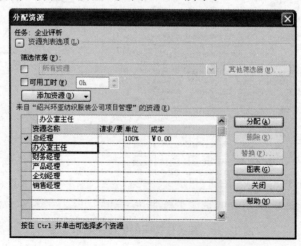

图 12.16　“分配资源”对话框

（3）全部任务资源分配好后，结果如图 12.17 所示。

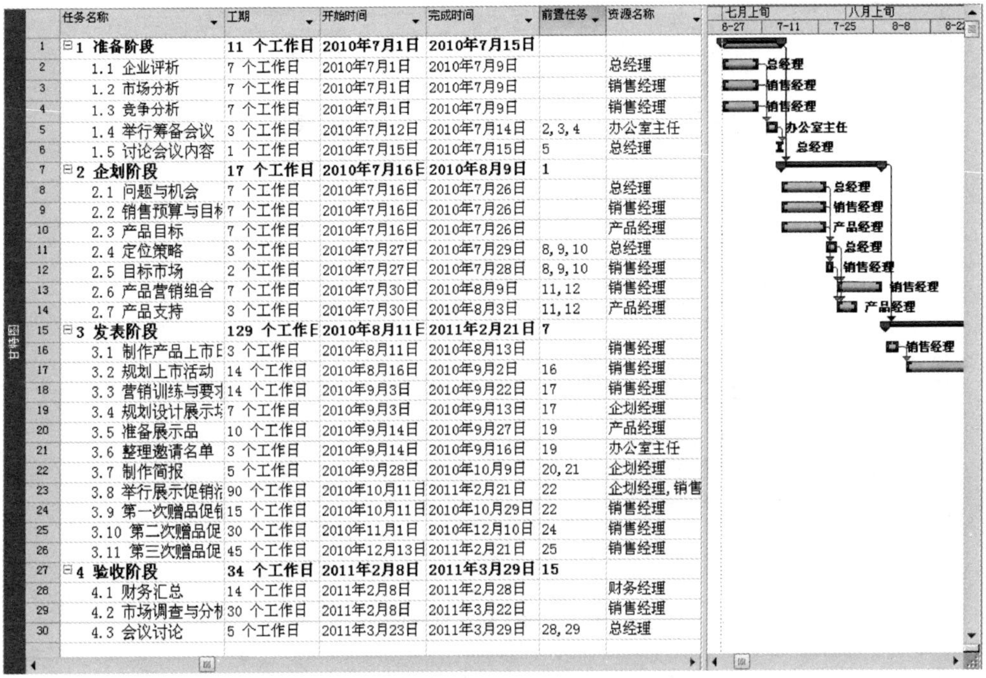

	任务名称	工期	开始时间	完成时间	前置任务	资源名称
1	1 准备阶段	11 个工作日	2010年7月1日	2010年7月15日		
2	1.1 企业评析	7 个工作日	2010年7月1日	2010年7月9日		总经理
3	1.2 市场分析	7 个工作日	2010年7月1日	2010年7月9日		销售经理
4	1.3 竞争分析	7 个工作日	2010年7月1日	2010年7月9日		销售经理
5	1.4 举行筹备会议	3 个工作日	2010年7月12日	2010年7月14日	2,3,4	办公室主任
6	1.5 讨论会议内容	1 个工作日	2010年7月15日	2010年7月15日	5	总经理
7	2 企划阶段	17 个工作日	2010年7月16E	2010年8月9日	1	
8	2.1 问题与机会	7 个工作日	2010年7月16日	2010年7月26日		总经理
9	2.2 销售预算与目标	7 个工作日	2010年7月16日	2010年7月26日		销售经理
10	2.3 产品目标	7 个工作日	2010年7月16日	2010年7月26日		产品经理
11	2.4 定位策略	3 个工作日	2010年7月27日	2010年7月29日	8,9,10	总经理
12	2.5 目标市场	2 个工作日	2010年7月27日	2010年7月28日	8,9,10	销售经理
13	2.6 产品营销组合	7 个工作日	2010年7月30日	2010年8月9日	11,12	销售经理
14	2.7 产品支持	3 个工作日	2010年7月30日	2010年8月3日	11,12	产品经理
15	3 发表阶段	129 个工作E	2010年8月11E	2011年2月21日	7	
16	3.1 制作产品上市E	3 个工作日	2010年8月11日	2010年8月13日		销售经理
17	3.2 规划上市活动	14 个工作日	2010年8月16日	2010年9月2日	16	销售经理
18	3.3 营销训练与要对	14 个工作日	2010年9月3日	2010年9月22日	17	销售经理
19	3.4 规划设计展示场	7 个工作日	2010年9月3日	2010年9月13日	17	企划经理
20	3.5 准备展示品	10 个工作日	2010年9月14日	2010年9月27日	19	产品经理
21	3.6 整理邀请名单	3 个工作日	2010年9月14日	2010年9月16日	19	办公室主任
22	3.7 制作简报	5 个工作日	2010年9月28日	2010年10月9日	20,21	企划经理
23	3.8 举行展示促销活	90 个工作日	2010年10月11日	2011年2月21日	22	企划经理,销售
24	3.9 第一次赠品促销	15 个工作日	2010年10月11日	2010年10月29日	22	销售经理
25	3.10 第二次赠品促	30 个工作日	2010年11月1日	2010年12月10日	24	销售经理
26	3.11 第三次赠品促	45 个工作日	2010年12月13日	2011年2月21日	25	销售经理
27	4 验收阶段	34 个工作日	2011年2月8日	2011年3月29日	15	
28	4.1 财务汇总	14 个工作日	2011年2月8日	2011年2月28日		财务经理
29	4.2 市场调查与分析	30 个工作日	2011年2月8日	2011年3月22日		销售经理
30	4.3 会议讨论	5 个工作日	2011年3月23日	2011年3月29日	28,29	总经理

图 12.17　全部任务资源分配好后的示意图

（4）选择“格式”选项卡，“显示/隐藏”工作组下的“项目摘要任务”，然后选择“保存”按钮，项目计划创建完成。完成后的“跟踪甘特图”和“网络图”分别如图 12.18 和 12.19 所示。

10. 资源管理和优化

（1）单击“资源”选项卡下“资源视图”工作组中的“资源工作表”，可以看到其中两行为红色粗体字显示，表示资源过度分配。

（2）选中其中过度分配资源“销售经理”，然后单击“资源视图”工作组中的“资源图表”，可以看到该资源对应的哪些日子是过度分配的，如图 12.20 所示。

（3）单击“资源视图”中的“资源使用状况”按钮，可以看到“销售经理”在 7 月 5 日至 9 日被分配了任务，每天的工时量为 16h，且为红色显示(表示过度分配)，要消除资源的过度分配，只能降低这两天的资源分配强度，如图 12.21 所示。

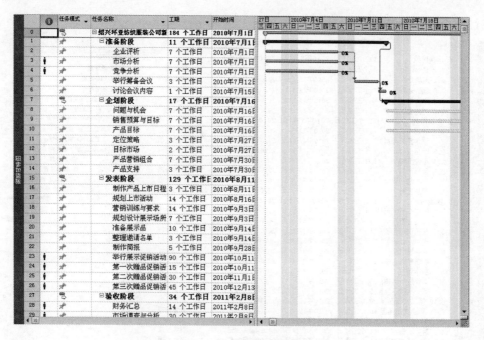

图 12.18 跟踪甘特图

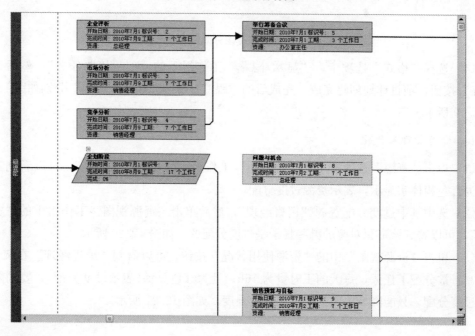

图 12.19 网络图

第12章 Project项目管理实验

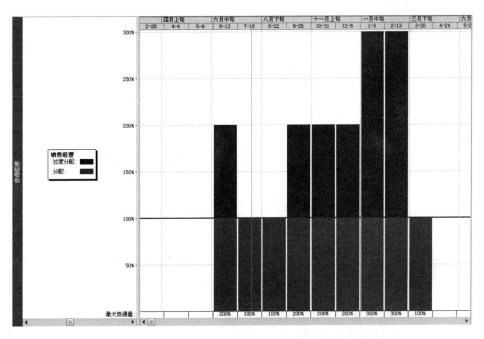

图 12.20 "资源图表"对话框

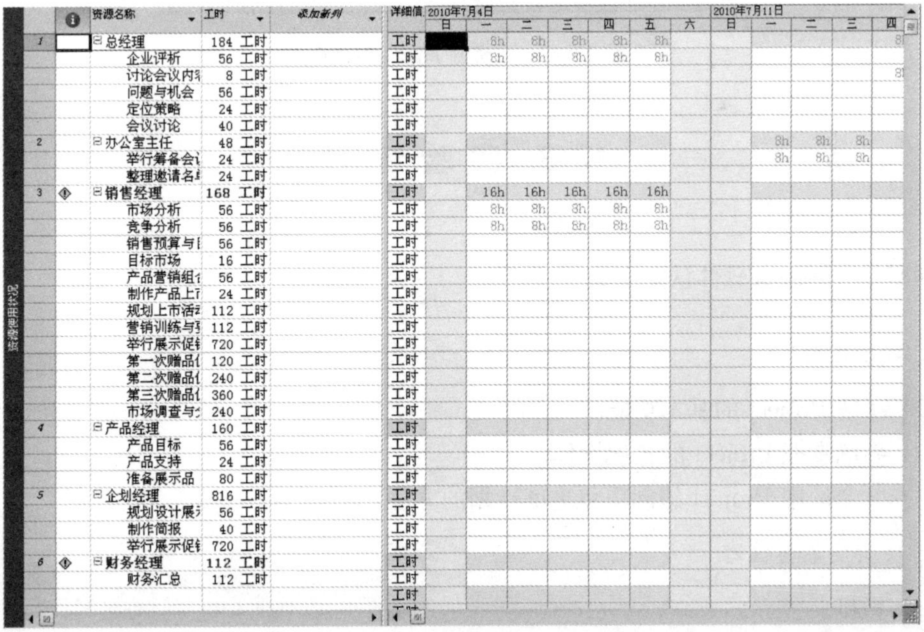

图 12.21 "资源使用状况"对话框

（4）单击"资源"选项卡下"调配选项"，弹出如图 12.22 所示对话框，调配计算设置为"自动"。然后单击"确定"按钮，系统会自动调配过度分配的资源，调配完后多个任务会被延后，如果还有过度分配的，将通过手工增加人员或者再次延后的方式调配资源。

除了过度分配以外，合理的资源分配还应尽量避免资源分配不均和分布过于分散的情况。在资源图表视图下，可逐一审视各项资源的分布是否符合这些原则。

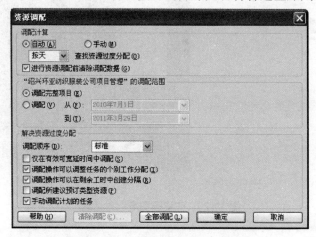

图 12.22　"资源调配"对话框

12.3　实 验 练 习

实验练习一　Project 软件认知实验

1．实验目的

（1）了解 Project 的基本功能。

（2）熟练掌握 Project 的各项操作。

（3）学会运用 Project 编制项目进度计划的方法。

2．实验设备与仪器

（1）微机。

（2）Project 软件。

3. 实验计划与安排

计划学时　4 学时。

4. 实验任务

(1) 了解 Project 软件的硬件和软件必备环境。

(2) 了解项目管理的知识体系；熟悉网络图的绘制，网络时间参数的计算，掌握网络计划的优化技术。

(3) 掌握 Project 软件的使用技巧。重点掌握：①Project 软件由网络计划、资源安排与优化、成本管理和报表输出 4 个子系统组成；②Project 软件的基本功能包括制订项目计划、管理工作数据；资源管理；成本累计；查询功能；报表功能；用户化功能等。

5. 实验报告要求

(1) 写出 Project 的构成以及主要功能。
(2) 举例说明 Project 编制项目进度计划的一般步骤。
(3) 目前有代表性的项目管理软件有哪些？各有何特点？

实验练习二　项目进度计划的优化

1. 实验目的

(1) 学会运用 Project 软件提供的项目向导，完成项目的总体设计、计划制订、进度管理、资源与成本管理、项目的跟踪以及优化等任务。

(2) 掌握运用项目管理软件进行项目计划优化的各种方法。

2. 实验设备与仪器

(1) 微机。
(2) Project 软件。

3. 实验计划与安排

计划学时　4 学时。

4. 实验任务

基本资料：某企业有一机床大修项目计划，工期需要 26 天，项目经费预计 5 000 元，工人工资为 5 元/工时，加班费为 8 元/工时。项目的详细信息如表 12-2 所示。

表12-2 项目活动明细表

任务序号	任务名称	工期(天)	前置任务	资源名称
1	拆卸	2		组装工
2	清洗	2	1	清洁工
3	检查	3	2	质检员
4	电器检修	2	1	维修工
5	床身与工作台研合	5	3	维修工
6	零部件修理	3	3	维修工
7	零件加工	8	3	操作工
8	变速箱组装	3	6、7	组装工
9	部件组装	4	5、8	组装工
10	总装和试车	4	4、9	组装工

实验任务要求：

(1) 在 Project 软件中输入项目的基本信息，如项目名称、起止日期等。

(2) 输入资源数据、建立资源数据库。

(3) 输入工作数据、建立工作数据库。

(4) 编制基本日历与资源日历。

(5) 调整项目相应的参数，观察对项目总工期和总成本的影响。

4. 实验报告的要求

(1) 完成用 Word 编辑文稿的实验报告。

(2) 实验报告内容包括：实验目的、实验内容与步骤、实验结果(用图表的形式)、实验体会和实验中存在的问题。

实验练习三　全自动滚筒洗衣机研发项目

1. 实验目的

(1) 熟练掌握 Project 软件的高级应用。

(2) 培养学生运用项目管理软件解决实际问题的能力，为其今后的职业生涯打下坚实的基础。

2. 实验设备与仪器

(1) 微机。

(2) Project 软件。

3. 实验计划与安排

计划学时　6学时。

4. 实验任务

某公司全自动滚筒洗衣机研发项目由五个阶段20个活动构成,根据表12-3所给的活动明细表及资源明细表(12-4),完成实验设计任务。

表12-3　活动明细表

活动名称	工期(天)	前置活动
一、总体设计		
总体方案设计	34	
技术规格设计	33	1
外形设计	28	
总体设计结束	0	3
二、筒体研制		
筒体研究	19	3
筒体试制	18	3
筒体测试	18	6
筒体研制结束	0	7
三、电动机研制		
电动机研究	19	3
电动机试制	10	9
电动机测试	11	10
电动机研制结束	0	11
四、电脑控制系统研制		
电脑控制系统研究	22	3
电脑控制系统试制	17	13
电脑控制系统测试	13	14
电脑控制系统研制结束	0	15

续表

活动名称	工期(天)	前置活动
五、总装与测试		
总装	11	15
总体测试	7	17
总装结束	0	18
结束	0	19

表 12-4 项目资源库

资源名称	类型	材料标签	最大单位	标准费率	加班费率	每次使用成本	成本累算	基准日历	承担任务
设计人员	工时		100%	500元/小时	550		按比例	标准	1、2、3
编码人员	工时		100%	300元/小时	360		按比例	标准	5、9、13
研制人员	工时		100%	600元/小时	0		按比例	标准	5、9、13
加工设备	工时		100%	500元/小时	550	1 000	按比例	24小时制	6、10、14
测试人员	工时		100%	200元/小时	220		按比例	标准	7、11、15、18
投影仪	材料	台	1	500元		200	开始	标准	7、11、15、18
培训师	材料	个	2	2 000元			结束	标准	7、11、15、18
管理人员	工时		100%	600元/小时	680		按比例	标准	5、9、13

实验任务要求：

(1) 设该项目的起动日期为 2012 年 3 月 5 日，工作制度为标准的五天工作制，试用 Project 建立该项目的初始计划方案。

(2) 建立项目资源库(表 12-4)，进行资源分配。确定项目总工期、总成本。

(3) 分别采用不同的方法进行项目工期优化，使项目总工期缩短 6 天。

(4) 分别采用不同的方法降低项目成本，使项目总成本减少 10%。

(5) 分别采用不同的方法，尽可能进行资源平衡处理。

4. 实验报告的要求

(1) 完成用 Word 编辑文稿的实验报告。

(2) 实验报告内容包括：实验目的、实验内容与步骤、实验结果(用图表的形式)、实验体会和实验中存在的问题。

参 考 文 献

[1] 刘兰娟,等. 经济管理中的计算机应用——Excel 数据分析、统计预测和决策模拟[M]. 北京：清华大学出版社,2006.

[2] [美]希利尔. 数据、模型与决策运用电子表格建模与案例研究[M]. 任建标,译. 北京：中国财政经济出版社,2004.

[3] 王亚超,马汉武. 生产物流系统建模与仿真——Witness 系统及应用[M]. 北京：科学出版社,2006.

[4] [美]科兹纳. 项目管理：计划、进度和控制的系统方法[M]. 杨爱华等,译. 北京：电子工业出版社,2010.

[5] 冯根尧. 运营管理[M]. 北京：北京大学出版社,2007.